日本労働法学会誌121号

有期労働をめぐる法理論的課題

日本労働法学会編
2013
法律文化社

目　次

《シンポジウム》
有期労働をめぐる法理論的課題

《報告》
報告の趣旨説明……………………………………………米津　孝司　3
有期契約労働と派遣労働の法政策………………………有田　謙司　7
　　──ディーセント・ワーク保障の原則の観点から──
有期雇用（有期労働契約）の法規制と労働契約法理…唐津　博　25
　　──労働契約法改正と契約論的アプローチ──
有期労働契約法制と均等・均衡処遇……………………沼田　雅之　45
非正規労働者の社会・労働保険法上の地位……………小西　啓文　61

《シンポジウムの記録》
有期労働をめぐる法理論的課題……………………………………………80

《回顧と展望》
2012年高年齢者雇用安定法改正の意義と問題…………山川　和義　115
添乗員に対する事業場外労働のみなし制の適否………金井　幸子　124
　　──阪急トラベルサポート（派遣添乗員・第3）事件・
　　東京高判平成24・3・7労判1048号26頁──

平成24年度学会奨励賞について……………………………野田　進　133

日本学術会議報告……………………………………………浅倉むつ子　135

日本労働法学会第124回大会記事	138
日本労働法学会第125回大会案内	144
日本労働法学会規約	146
SUMMARY	149

《シンポジウム》
有期労働をめぐる法理論的課題

報告の趣旨説明	米津　孝司
有期契約労働と派遣労働の法政策	有田　謙司
──ディーセント・ワーク保障の原則の観点から──	
有期雇用（有期労働契約）の法規制と労働契約法理	唐津　博
──労働契約法改正と契約論的アプローチ──	
有期労働契約法制と均等・均衡処遇	沼田　雅之
非正規労働者の社会・労働保険法上の地位	小西　啓文
《シンポジウムの記録》	
有期労働をめぐる法理論的課題	

報告の趣旨説明

米 津 孝 司
(中央大学)

　無期・直接雇用・フルタイム労働といったいわゆる「正規」・「典型」の労働者が備えている基本属性の一部あるいは全部を欠く，いわゆる「非正規」・「非典型」の労働者は，日本においてはとりわけ1990年代後半以降，急増する。1995年5月には日経連が「新時代の「日本的経営」」を発表し，非正規労働者の積極的活用を提唱している。当時約20パーセントであった非典型雇用は，5年後には25パーセントを超え，さらに約10年が経過した今日では34パーセントを超える割合となるに至っている。彼らが担う労働は，従来のように単純軽易な家計補助的なものに限られず，徐々に正規労働者と同様の基幹的な役割を担うようになってきている。しかしその一方で，賃金をはじめとする労働条件は依然として低く，またその雇用は多くの場合，不安定な状態におかれている。

　90年代以降における非典型雇用の増大は，わが国だけの問題ではなく，経済の成熟化・低成長化に伴う利潤率低下とそれへの対応策としての規制緩和政策，そしてこれに平行して進行したグローバル化と労働分配率の低下（人件費の変動費化）を背景としており，先進諸国においてある程度共通して観察される現象である。1994年には，OECDが規制緩和と市場調整メカニズムに基づく雇用流動化を基調とする雇用戦略を打ち出している。これに対して欧州諸国では非典型労働に関連する一連のEU指令を通じて，こうした流れに一定の歯止めをかけ，またアジアの中にも韓国のように欧州型の規制を導入する国も現れている。

　そうした中，わが国においても格差問題，ワーキングプア問題についての認識の高まりもあり，2007年にはパートタイム労働法が改正され，また派遣労働についても今般，労働者保護の趣旨を含む法改正が行われ，さらには労働契約

シンポジウム（報告①）

法の改正というかたちで有期雇用の法規制が条文化されるに至った。

　このような状況を背景に，日本労働法学会でも非典型雇用についての関心が高まりをみせ，学会企画委員会および理事会はこれを大シンポジウムのテーマとして設定することを決定。企画委員会委員長からの要請に応えるかたちで，この間，非典型労働についてその問題の所在を明らかにし，法理論的な検討を行うべく，報告者グループにおいて研究会をかさねてきた。当初，非典型労働全体を扱い，かつより基礎理論的な研究を行う目論みであったが，検討を重ねてゆく中で，非正規（非典型）労働者は，パート労働者や派遣労働者を含めて，有期契約である場合が多く，この点が，不公正な労働条件や雇用の不安定の根本にあるのではないかとの議論もあり，さらにはパート労働法や労働者派遣法にも大きな影響を与える有期労働契約の立法が行われるという事情もあって，報告者グループとしては有期雇用の問題に重点をおいて検討を行うことになった。かくして，多様な形態の非正規労働を貫く主要な特徴ともなっている有期労働を中心に，その法理論的課題を明らかにするということで，シンポジウムの統一テーマとしても，「有期労働」を前面に立てることになった次第である。

　先般の労働契約法改正においては，雇止め法理が条文化されるとともに，無期雇用転換制度，さらに均等処遇に関わる法原則が条文化されるに至った。有期労働契約法制の在り方は，いわゆる日本型雇用システム，そしてこれと親和的なかたちで展開をしてきた我が国の労働法の在り方に，甚大な影響を及ぼすものであり，今回の改正をめぐっても様々な議論があるところである。有期労働をめぐる不公正と不安定を抑制しつつ，経済活動の自由ともバランスをとりながら，我が国経済社会の基盤をなす雇用労働者を中核とした中間層の増大・成熟をいかに実現してゆくのか，がそこでは問われることになる。個々の問題に関する立法論や条文解釈においても，我々は日本の企業社会と労働世界の現状をどのように認識し，そして今後そのあるべき姿をどのように描くのか，21世紀の雇用労働に関わる大きな絵柄，ビジョンについて検討を行い，コンセンサスを築いてゆくことが重要である。この点は，最近，政策当局者においても強く意識されるようになってきており，厚労省も今年3月に「望ましい働き方ビジョン」を公表し，非典型雇用労働に関する総合的な対応政策の方向性を打

ち出している。

　以上の課題の検討にあたり，今回のシンポジウムでは，全体で四つの報告を立てることとなった。

　全体の総論としての意味合いをもつ有田会員による第一報告「**有期契約労働と派遣労働の法政策**」は，近年における非正規雇用関係法制の動向を総括しつつ，労働権保障（ディーセント・ワーク）の観点から有期労働や派遣労働の法政策分析を行い，今後の見直しへ向けての検討課題を提示する。有田会員は，これまで比較法研究の動向を踏まえつつ労働権の研究を精力的に進めてきたが，今回その成果が有期労働や派遣労働をめぐる政策分析においてさらに具体化されている。

　唐津博会員による第二報告「**有期雇用（有期労働契約）の法規制と労働契約法理**」では，契約法理による法規制論の意義と限界を明らかにする。長期雇用モデルの下で形成されてきた「労働契約法理」とは異なる「あるべき労働契約法理」の観点から，有期契約労働における解約規制等を対象として，労働契約論，法解釈論の検討が行われている。唐津会員は，これまで就業規則法理等にそくして立法論や法解釈を規範的に統御する法原理としての労働契約論を提示してきたが，今回，有期労働の問題にそくして，その新たな展開が試みられている。

　「**有期労働契約法制と均等・均衡処遇**」と題する沼田会員による第三報告では，今回の法改正に至る議論状況を整理しつつ，その正当化（規範的）根拠や，合理性審査の基準，さらにその法的効果について検討が行われている。そして派遣労働やパート労働に対して，これがいかなる意味をもつのかということにも言及している。今回の法改正により均等処遇法理は質的に新たな段階に入るものと思われ，沼田報告においては学会における従来の議論の到達点を踏まえた新たな問題提起がなされている。

　有期労働者をはじめとする非典型労働者が，雇用不安や生活不安に陥ることを防ぎ，より望ましい働き方を模索することを支えるシステムとして社会保障法は大変重要な役割を担っている。小西会員による第四報告「**非正規労働者の社会・労働保険法上の地位**」では，非典型労働者が社会保障のセーフティーネ

ットから排除される構造と実態に迫りつつ,その具体化した問題の一つとして,有期労働契約による契約期間の「細切れ」化という現象について,「雇用」と「雇用」の間を埋める生活保障の方法を模索している。

(よねづ　たかし)

有期契約労働と派遣労働の法政策
―― ディーセント・ワーク保障の原則の観点から ――

有 田 謙 司
（西南学院大学）

I はじめに

　本稿は，労働権保障の内容と考えるディーセント・ワーク（decent work）保障の原則の観点から，有期契約労働と派遣労働の法政策を検討するものである。そして，その中心は，2012年の労働契約法および労働者派遣法の改正の法政策の内容を検討し，今後の見直しへの視点を提示することにある。[1]

　ところで，厚生労働省が設けた「非正規雇用のビジョンに関する懇談会」が2012年3月にまとめた『望ましい働き方ビジョン』（以下，「ビジョン」という）の中で，次のような指摘がなされている。[2]すなわち，「雇用の在り方として，①期間の定めのない雇用，②直接雇用，③均等・均衡待遇をはじめとする公正な処遇の確保が重要である」，また，「雇用形態に関わりなく『ディーセント・ワーク』を実現していく必要がある」，と。

　このビジョンが指摘するところには，本稿の基本的スタンスである，ディーセント・ワーク保障の原則に基づく有期契約労働と派遣労働の法政策という考え方に共通するものを見出すことができるように思われる。そしてそこには，後述するように，これまでのわが国の法政策の中にはみられなかった，本稿がその立論の基礎とする，いわゆる非正規雇用の労働たる有期契約労働と派遣労

---

1) 「労働者派遣事業の適正な運営の確保及び派遣労働者の就業条件の整備等に関する法律等の一部を改正する法律」（平成24年法律第27号）（以下，「派遣法改正法」）および「労働契約法の一部を改正する法律」（平成24年法律第56号）（以下，「労契法改正法」）による改正。
2) 『望ましい働き方ビジョン』（2012年3月27日）10-11頁（http://www.mhlw.go.jp/stf/houdou/2r98520000025zr0-att/2r98520000026fpp.pdf）。

シンポジウム（報告②）

働をディーセント・ワークにしていくという視点との共通点を見出すことができるように思われる。このような有期契約労働と派遣労働をディーセント・ワークにしていくという法政策の方向性は，今日のわが国において，共通認識となりつつあるものと考える。[3]

Ⅱ　ディーセント・ワークと労働権保障

1　近年における労働権論の展開とディーセント・ワーク

さて，ここで詳しく述べることはできないが，近年の諸外国や国際機関およびわが国における労働権をめぐる理論的展開の中において，「労働権（right to work）は，ディーセント・ワークに対する権利（right to decent work）を意味する」との考え方が有力となっているように思われる。[4] 私見は，こうした理論的な展開を受けて，わが国の憲法27条の解釈としても，「勤労の権利（労働権）」は，ディーセント・ワークの保障を規範的に要請するものと解すべきである，と考えるものである。[5]

本稿は，そのような立場から，労働権は，労働市場に対する規制原則としてのディーセント・ワークの保障をその内容とするものと解し，この原則をベースとして議論を展開するものである。また，本稿は，労働権の規範的内容には適職選択権が内包されているとの理解の下に，ディーセント・ワークを前提とした，労働者の適職選択の保障という観点も不可欠のものとして，以下，論じることとする。

2　労働市場に対する規制原則としてのディーセント・ワーク

それでは，ディーセント・ワークとして保障されるべき内容は何であろうか。

3）　西谷敏『人権としてのディーセント・ワーク』（旬報社，2011年）も参照。
4）　C. Vigneau, 'Freedom to choose an opccupation and right to engage in work (Article 15)' in B. Bercusson et al., ed., European Labour Law and the EU Charter of Fundamental Rights（2006, Nomos）, p. 178.
5）　有田謙司「労働法における労働権論の現代的展開」山田晋他編『社会法の基本理念と法政策』（法律文化社，2011年）27頁以下を参照。

それは，ILO がディーセント・ワークの中身として提案しているものである[6]，とする見解が支配的であるといえるだろう[7]。具体的には，生産的な雇用へのアクセス，仕事・所得・職場における安定・安全，核となる労働に関わる権利（強制労働からの自由，差別禁止，団結の自由等を含む），そして，それらのものを定め達成するための交渉および社会的対話の民主的な方法が，ディーセント・ワークの構成要素と解されている[8]。

このような労働権の規範的要請と考えられるディーセント・ワークの保障を実現するための法領域である雇用保障法においては，雇用の量的確保と雇用の質の確保の両者の実現を目指した法政策が展開されるべきものとなる[9]。そして，そこでの雇用の質として求められるものの中心となるのは，雇用の安定と適正な労働条件であるといえる。そうすると，そうしたものを欠いている有期契約労働および派遣労働についても，ディーセント・ワークにしていく法政策が求められることになる。これは，先ほど言及したビジョンが示した方向性でもあるが，労働権が規範的に要請するところのものであるといえよう。

以上を踏まえて，有期契約労働と派遣労働の法政策を考える視点として，まずここで確認しておきたいのは，ディーセント・ワークの保障の原則における重要な要素である雇用の安定性の確保という側面においては，有期労働契約の法規制は派遣労働に対しても共通基盤としての性格を有していることであり，その上で，間接雇用であることに起因する派遣労働に特有の問題を考えていくべき，ということである。そしてまた，労働市場に対する規制原則としてのディーセント・ワークは，有期契約労働と派遣労働の法政策を検討するに際して，

---

6) ILO は，ディーセント・ワークの構成要素を，①雇用の創出，②労働に関わる権利の保障，③社会的保護の拡充，④社会対話の促進の4つとしている。D. Chali, ed., Decent Work: Objectives and Strategies (2006, ILO), pp. 7ff.
7) 有田・前掲注5）論文を参照。
8) G. Rodgers, 'Labour Market Flexibility and Decent Work' in Jose Antonio Ocampo and Jomo K. S. ed., Towards Full and Decent Employment (2007, Orient Longman), p. 200. ILO のディーセント・ワークのための規制戦略の展開については，J. Fudge, 'Blurring Legal Boundaries: Regulating for Decent Work' in J. Fudge et al., ed., Challenging the Legal Boundaries of Work Regulation (2012, Hart Publishing), pp. 17ff. を参照。
9) 有田謙司「労働市場法学」日本労働研究雑誌621号（2012年）76頁，78-79頁を参照。

シンポジウム（報告②）

労働市場における労働力商品の取引の形態に対する法規制という視点を重要なものとする，ということである[10]。

Ⅲ　これまでの法政策における有期契約労働と派遣労働

1　これまでの法政策における有期契約労働と派遣労働の位置づけ

では，これまでの法政策において有期契約労働と派遣労働は，どのように位置づけられてきたのであろうか。これまでの法政策では，安定した正規雇用を望ましいモデルとして，有期契約労働と派遣労働には次のような位置づけがなされてきたといえるであろう。

第1は，高年齢者雇用安定法9条1項2号の解釈により有期契約の形態による継続雇用制度が認められるものとされていること，あるいは，雇用保険法施行規則により，6か月を超える期間継続して労働者派遣を受け入れていた業務に，派遣労働者を無期または更新されることが明示されている6か月以上の有期労働契約で，労働者派遣契約の期間が終了する前に派遣労働者を直接雇い入れる事業主に対し奨励金を支給する「派遣労働者雇用安定化特別奨励金」（雇保則附則17条の4の2）[11]のように，有期契約労働を雇用の確保・継続を目的とするものとして位置づける，というものである。

第2は，雇用保険法施行規則により，公共職業安定所長が安定した職業に就くことが著しく困難であると認めるものを，公共職業安定所の紹介で，3か月以内の期間を定めて試行雇用（トライアル雇用）する事業主に対し奨励金を支給する試行雇用（トライアル雇用）奨励金（雇保則110条の3）[12]や，有期契約労働者の正社員との均衡待遇，正社員転換に係る制度を導入した事業主に対し奨励金

---

10) 青野覚「スウェーデンにおける有期雇用契約規制の新たな展開」明治大学社会科学研究所紀要50巻1号（2011年）159頁以下も参照。
11) 同奨励金については，厚生労働省他『雇用の安定のために　事業主の方への給付金のご案内（概要版）平成24年度版（平成24年10月1日現在）』（http://www.mhlw.go.jp/seisakunitsuite/bunya/koyou_roudou/part_haken/dl/240401_1.pdf）28-29頁を参照。
12) 厚生労働省他・前掲注11)リーフレット34-35頁を参照。なお，同奨励金は，平成25(2013)年3月末をもって廃止されている。

を支給する「均衡待遇・正社員化推進奨励金」(雇保則118条の2)[13]のように，有期契約労働を正規雇用へのステップとして位置づける，というものである。

　第3は，雇用保険法の求職者給付の扱いにおいて，有期労働契約の期間が満了し，かつ，その者が更新を希望したにもかかわらず，更新についての合意が成立するに至らずに当該労働契約の更新がないことにより離職したものを「特定理由離職者」（雇保13条2項・3項，雇保則19条の2・36条）として，基本手当の受給資格を一般被保険者とは異なるものとしているように，有期契約労働者を失業リスクの大きい不安定雇用にあるものと位置づける，というものである。

　第4は，雇用保険法が，6条3号に定める雇用期間を満たせない有期契約労働者を同法の適用から除外することや，特定求職者支援法が，特定求職者支援制度の利用について，6年以内に職業訓練受講給付金の支給を受けた特定求職者には同給付金を支給しない扱いにより（求職者支援法施行規則13条），失業リスクの大きい有期契約労働者と登録型派遣労働者の同制度の利用を大きく制約することにみられる，有期契約労働者および登録型派遣労働者であるが故に制度の適用から排除されるものとの位置づけである。[14]

2　ディーセント・ワーク保障の原則からみたこれまでの法政策の問題点

　以上に概観した，これまでの有期契約労働と派遣労働の法政策は，雇用の量的確保と雇用の質の確保の充足という雇用保障法制に求められる労働権からの2つの規範的要請に対して，雇用の量的確保に傾斜したものとなっているといえるだろう。これまでの法政策は，「均衡待遇・正社員化推進奨励金」における有期契約労働者の正社員との均衡待遇に係る制度を導入した事業主に対し奨励金を支給する部分を除けば，総じて雇用の質的確保の視点が弱く，バランスを欠くものであり，有期契約労働および派遣労働をディーセント・ワークにし

---

13) 厚生労働省他・前掲注11)リーフレット66-71頁を参照。
14) 同法については，丸谷浩介「職業訓練の実施等による特定求職者の就職支援に関する法律」ジュリスト1430号（2011年）45頁以下，木下秀雄「求職者支援制度に関する検討」労働法律旬報1748号（2011年）6頁以下，名古道功他編『労働法Ⅰ』（法律文化社，2012年）234-236頁［根本到］，有田謙司他編著『ニューレクチャー労働法』（成文堂，2012年）292頁，300頁［有田謙司］等を参照。

ていくという視点を欠くものであったといえよう。

Ⅳ　今回の労働契約法および労働者派遣法の改正内容とその意義

1　法改正の経緯

　そうしたこれまでの有期契約労働および派遣労働の法政策と対比してみたとき，今回の労働契約法および労働者派遣法の改正には，どのような法政策をそこに読み取ることができるであろうか。以下でその改正内容についてみていく前に，今回の法改正の経緯について簡単に述べておくこととする[15]。

　今回の労働契約法および労働者派遣法の改正は，2008年のリーマン・ショックの際に，有期契約労働者の雇止めや契約途中での解雇，派遣労働者のいわゆる派遣切りが社会的に大きな問題となったことを契機として，有期契約労働者や派遣労働者の雇用の不安定さ，処遇の格差が広く認識されるところとなったことを背景要因とするものといえよう。こうした問題が厚生労働省においても政策課題として認識されるところとなり，2008年7月には『今後の労働者派遣制度の在り方に関する研究会報告書』[16]が，2010年9月には『有期労働契約研究会報告書』がまとめられ[17]，法改正のための法政策の方向性および考えられうる選択肢が示されるところとなった。これらの報告書をたたき台にして，両改正法案は，労働政策審議会での議論を経て，国会に上程され，成立したのだが，労働者派遣法の改正については，国会での重要な法案の修正がなされた。このことについては，一言触れておきたい。

　平成22（2010）年に政府が提出した法案では，派遣元事業主が常時雇用する

---

[15]　労働者派遣法の改正経緯については，老月梓「『労働者派遣法改正法』の概要」ジュリスト1446号（2012年）33頁，34-35頁，労働契約法の改正については，厚生労働省労働基準局労働条件政策課「労働契約法改正の概要」ジュリスト1448号（2012年）39頁，40-41頁等を参照。

[16]　今後の労働者派遣制度の在り方に関する研究会『今後の労働者派遣制度の在り方に関する研究会報告書』（2008年7月28日）（http://www.mhlw.go.jp/houdou/2008/07/dl/h0728-1b.pdf）。

[17]　有期労働契約研究会『有期労働契約研究会報告書』（2010年9月10日）（http://www.mhlw.go.jp/stf/shingi/2r9852000000uowg-att/2r9852000000uq8t.pdf）。

労働者を派遣する場合を除いて製造業務への労働者派遣を行うこと，および登録型派遣を禁止する規定が盛り込まれていた。ところが，この部分は，民主党・自民党・公明党の3党合意による修正案によって削除された。その理由は，東日本大震災やデフレ，円高による雇用状況の悪化から，派遣労働の形態によるものであれ雇用の喪失が生じることへの懸念であった[18]。雇用の量的確保の要請を優先した法政策が選択されたことを，ここでは指摘しておきたい。

2 改正内容とその意義

それでは，今回の改正内容とその法政策における意義について，みていくことにしたい。

第1は，無期の労働契約への移行による雇用の安定化を図る法改正の内容である。改正労働契約法19条および改正労働者派遣法30条と30条の3の中には，労働契約の無期原則を定めたものとまではいうことはできないものの，できるだけ有期の労働契約から無期の労働契約へ転換を図ることで，雇用の安定を図ろうとする法政策を見て取れるといえるだろう。これは，正規雇用へのステップとして位置づけられているものともいえようか。そして，改正労働者派遣法30条および40条の5の規定は，無期の派遣労働契約を締結する派遣労働への誘導による雇用の安定化を図るものとみることができるであろう。

第2は，直接雇用への移行である。改正労働者派遣法46条の6第1項3号（派遣法改正法2条施行時）が定める，派遣期間の制限に違反した場合の派遣先の労働契約締結申込のみなし制度は，労働者派遣法の違反に対する民事的ペナルティーとして設けられたとはいえ，直接雇用への移行を可能とするものとして大きな意義がある[19]。ただ，この直接雇用への移行がなされるに際しては，「その時点における当該派遣労働者に係る労働条件と同一の労働条件を内容とする労働契約の申込みをしたものとみなす」ことから，登録型派遣の場合には，

---

18) 第179回国会衆議院厚生労働委員会会議録第6号（平成23年12月7日）田村憲久委員の発言（http://www.shugiin.go.jp/index.nsf/html/index_kaigiroku.htm）。
19) 第179回国会衆議院厚生労働委員会会議録第6号（平成23年12月7日）小宮山厚生労働大臣の発言（http://www.shugiin.go.jp/index.nsf/html/index_kaigiroku.htm）。

派遣先との労働契約は有期契約とされることになる[20]。

　第3は，不合理な労働条件の相違の禁止と均衡を考慮した待遇の確保である。改正労働契約法20条および改正労働者派遣法30条の2は，期間の定めがあることによる不合理な労働条件の相違の禁止（有期）と均衡を考慮した待遇の確保（派遣）を求めている。これまでは，有期契約労働と派遣労働に関しては，「均衡待遇・正社員化推進奨励金」のような経済的な誘導策しか存在しなかったが，今回の改正により，実定法上の根拠が存することになる。これは，有期契約労働および派遣労働をディーセント・ワークにしていくという法政策の現れとみることができるであろう。そしてまた，これは，有期契約の無期転換および派遣労働者の派遣先との労働契約の締結に際しての労働条件を規定するものでもある。これらの規定のうち，労働者派遣法30条の2は均衡考慮の配慮にとどまりその効果は限定的であるが[21]，労働契約法20条は民事的効力が認められるものと解されていることから，その対象となる労働条件等の範囲等に関する解釈いかんによっては，その効果が期待できるかもしれない[22]。

　第4は，労働者派遣事業の適正化と派遣労働者の保護である。改正労働者派遣法1条，23条の2，31条の2，34条の2，35条の4，40条の6（40条の9（派遣法改正法2条施行時））は，労働市場における労働力需給のマッチング・システムとしての労働者派遣を適正化することによる派遣労働者の保護，ディーセント・ワーク化と労働市場全体における一定のバランスの確保を図るものとみることができるであろう[23]。これらにより，悪質な派遣事業者が淘汰されれば，前述した改正労働者派遣法30条および40条の5と相まって，これまでより安定した，ディーセントな派遣労働が徐々に増えることが期待できるかもしれない。とりわけ，登録型派遣における派遣労働者のキャリア形成に寄与し得ないよう

---

20) この点の解釈上の問題については，富永晃一「改正労働者派遣法とその解釈上の課題―派遣労働者の保護（派遣先関係）」ジュリスト1446号（2012年）59頁，60頁を参照。
21) 諏訪康雄他「座談会　労働者派遣法改正法をめぐって」ジュリスト1446号（2012年）10頁，21-22頁［徳住堅治発言・木下潮音発言］を参照。
22) 西谷敏他編『新基本法コンメンタール　労働基準法・労働契約法』（日本評論社，2012年）430-431頁［野田進］，本学会誌本号掲載の沼田論文等を参照。
23) 有田謙司「改正労働者派遣法における労働者派遣事業の適正化」ジュリスト1446号（2012年）46頁以下を参照。

な労働者派遣事業者が淘汰され，それを行いうる事業者が大勢を占めるようになることが必要であると考える。この点については，後述する。

V　有期契約労働と派遣労働の法政策における今後の検討課題

1　有期契約労働と派遣労働との連動性の問題

今回の労働契約法と労働者派遣法の改正内容とその法政策における意義について以上にみてきたところを踏まえ，有期契約労働と派遣労働の法政策における今後の検討課題については，まず，有期契約労働と派遣労働との連動性の問題について考えなければならない，と考える。ここでは，2つの問題を検討すべきである。

(1)　有期労働契約の法規制の登録型派遣への影響

第1は，有期労働契約の法規制（特に，無期転換の規定）の登録型派遣への影響の問題である。改正労働契約法における無期転換の規定は，派遣労働契約にも適用されるものであるから，それが施行されるようになると，無期転換の規定が適用されないように，登録型派遣の派遣元が，クーリング期間を設けるため，同一の派遣労働者を連続して派遣しなくなることも予想される。そうなると，派遣労働者による複数の派遣会社への登録がますます進むとともに，派遣労働者の雇用がより不安定になり，失業リスクが高まる可能性が生じることになると考えられる。

この問題への対応策としては，次のようなものが考えられるであろう。①登録型派遣制度の廃止と，②有期契約労働および登録型派遣における労働契約終了時の補償金制度の創設である。このうち，①登録型派遣制度の廃止については，雇用の量的確保の観点からの異論も強いところである。そこで，ここでは，②の有期契約労働および登録型派遣における労働契約終了時の補償金制度の創設という対応策をとるとすれば，登録型派遣の場合には，派遣先に負担をさせるために労働者派遣契約の契約事項としてこれを法定することが考えられるべきである，ということを指摘しておきたい。そして，有期労働契約である登録型派遣に限りこの補償金制度の対象とすることによって，改正労働者派遣法40

条の5と同じように，無期の派遣労働契約を締結する派遣労働への誘導による雇用の安定化を図るという規制手法も検討に値しよう。いずれにせよ，ここでは，雇用の安定性の確保という意味における有期労働契約規制の共通基盤としての性格を再確認すべきである。

(2) 有期契約労働と派遣労働の相互代替的関係性の問題

第2は，有期契約労働と派遣労働の相互代替的関係性の問題である。有期契約労働と派遣労働との間には，相互代替的関係が存在する。すなわち，有期契約労働と派遣労働，とりわけ登録型派遣労働は，直接雇用と間接雇用の違いはあるものの，ともにその本来の用いられ方からすれば，テンポラリー・ワークとしての共通の性格を有しているため，それぞれに対する法規制の強さが大きく異なるようになれば，規制の弱い方へとその利用が流れる，という意味における相互代替的関係があるものと考えられる。その例として，今回の労働者派遣法の改正で日雇派遣が原則禁止となったことから，労働者派遣事業者の中には派遣から日々雇用の有料職業紹介へと事業を移行させる動きが現れていることを，挙げることができる[25]。また，クーリング期間について，有期労働契約のクーリング期間を労働者派遣で，労働者派遣のクーリング期間を有期契約労働で埋めるといったことも行われうる。このような両者の間にみられる相互代替的関係の存在から，両者に対する法規制は，整合性をもったものとされるべきである。

---

24) この補償金制度は，フランスに立法例のあるものをモデルにしているものであるが，有期労働契約研究会・前掲注17)報告書によって，立法政策の選択肢のひとつとして示されているものである。同報告書は，「我が国について考えると，契約終了時の手当について，こうした雇用の不安定さへの補償や，無期化の促進の観点，あるいは，雇止め時における無期労働契約との公平の観点を含め，様々な趣旨，目的や内容，対象などが考えられるところ，どのような趣旨，目的の実現のためにこうした金銭の支払義務が有効なのかどうかを，他の採り得る政策手段との比較を含め検討することが必要である。それらの趣旨に応じて，退職金や雇用保険との関係や，誰が費用を負担することとなるかといった点も含めて慎重に検討されるべきものと考える」と指摘している（20頁）。なお，フランスの有期労働契約にかかる「契約終了手当」については，労働政策研究・研修機構『ドイツ，フランスの有期労働契約法制調査研究報告』(2004年) 87-88頁［奥田香子］を参照 (http://www.jil.go.jp/institute/reports/2004/documents/L-1.pdf)。

25) 諏訪他・前掲注21)座談会17頁［徳住発言］を参照。

この問題について，ここでは，前述した，改正労働契約法20条と改正労働者派遣法30条の２における民事効の有無の違いをなくしていくべきであることを指摘するにとどめる。なお，日雇派遣と日々雇用との整合性をもった法規制の問題については，後述する。

2 ディーセント・ワーク保障の原則の具体化

次に，ディーセント・ワーク保障の原則の具体化という視点から，５つの検討課題について述べることにしたい。

(1) 雇用の安定性の確保と労働市場における労働力の取引形態の法規制

第１は，雇用の安定性の確保と労働市場における労働力の取引形態としての有期契約労働および派遣労働の法規制の問題である。有期契約労働および有期の派遣労働契約となる登録型派遣労働に不可避的に伴う雇用の不安定という問題に，いかなる法規制をもってこれに対応すべきであろうか。５つの法規制が考えられうる。それらは，①利用事由の限定，②登録型派遣の原則禁止，③日雇派遣の原則禁止，④無期契約への転換，⑤派遣先との労働契約の締結である。今回の改正労働契約法および改正労働者派遣法においては，これらのうち，③日雇派遣の原則禁止，④無期契約への転換，⑤派遣先との労働契約の締結が，採用され，問題への対応が一定程度はなされたといえるであろう。ただし，前述したように（Ⅳ２），⑤派遣先との労働契約の締結のように，その効果が限定的であるものもある。

では，今回の法改正においては採用されなかった法規制の手法である，①利用事由の限定，および②登録型派遣の原則禁止は，今後の法政策において採用されるべきであろうか。私見では，①利用事由の限定は，検討すべき課題であると考えるが[26]，この問題についてもこれまでも意見の対立が大きく，その実現可能性は小さいものといえよう。そこで，ここでは，これに代わりうるものとして，⑤の派遣先との労働契約の締結時の労働契約締結申込のみなしの内容に

---

[26] 有田謙司「非正規雇用労働者をめぐる法的諸問題」ジュリスト1377号（2009年）25頁，30-32頁。有期労働契約につき同旨の見解として，川田知子「有期労働契約法制の新動向」季刊労働法237号（2012年）２頁，13-14頁等。

ついて，契約期間に関しては無期とすることを検討すべきものとして提案したい。今回の労働者派遣法改正では，直接雇用への移行がなされるに際しては，「その時点における当該派遣労働者に係る労働条件と同一の労働条件を内容とする労働契約の申込みをしたものとみなす」ことから，登録型派遣の場合には，派遣先との労働契約は有期契約とされることになるが，これでは，これまでの法政策と同じであり，間接雇用の派遣労働から直接雇用ではあるが有期の雇用に移行するだけであって，真に安定した雇用へとはつながっていかない。また，有期契約労働と派遣労働との間にみられる相互代替的関係の存在から，両者に対する法規制は整合性をもったものとされるべきとの要請からも，派遣先との労働契約の締結時の労働契約締結申込のみなしの内容について，契約期間に関しては無期とすることを検討すべきといえよう。

(2) 雇用の量的確保と雇用の質の確保

第2は，雇用の量的確保と雇用の質の確保の双方の要請に適う有期契約労働と派遣労働の法規制の問題である。この問題に対しては，今回の改正労働契約法および改正労働者派遣法においては未だ実現されていないといえるであろう。この問題は，有期契約労働と派遣労働をディーセント・ワークにしていくための法政策が正に求められることを示すものといえる。この問題について，具体的には，次のような制度的対応を検討すべきである，と考える。ひとつは，すでに先ほど有期契約労働と派遣労働との連動性の問題に関わって述べたところのものであるが（Ⅴ1），離職時の補償金制度の創設を検討すべきである。立法の形式としては，労働契約法および労働者派遣法に規定し，有期契約労働を利用する使用者および登録型派遣労働を利用する派遣先にその支払義務を課すものとするのがよいであろう。いずれも有期であることにより雇用期間の空隙が生じる可能性が大きいことによる雇用の不安定のリスクを抱えているが，このリスクの負担をそうした就労形態の労働力の利用をして利益を得ている使用者・派遣先に負わせることが，合理的であるからである。

もうひとつは，有期労働契約および有期派遣労働契約で就労する者に対する教育訓練機会の保障の問題である。非正規雇用のキャリア形成に関する調査研究を行ったものによれば，使用者にとって期待雇用期間が長いことが労働者に

企業内教育訓練を行うプラスの要因となっている[27]。そうであれば，雇用期間の短い有期契約労働者や登録型の派遣労働者への企業内教育訓練の機会はほとんど期待できないことになるであろう。とりわけ，本来のテンポラリー・ワークとしての登録型派遣で就労する派遣労働者にとっては，間接雇用であることもあり，派遣先での企業内教育訓練による能力開発は望むべくもない。教育訓練機会の保障をいかに図っていくのかが課題といえよう。

この点に関しては，先ほど述べた離職時の補償金制度が有用なものとなるように思われる。次の雇用が始まるまでの間，この補償金でつなぎながら，その間に教育訓練を受けることが考えられる。登録型労働者派遣においては，そのようなつなぎの状態にある登録状態の派遣労働者に対し，派遣元が教育訓練を提供するように誘導する仕組みを検討すべきであろう。

そうすると，この補償金制度は，雇用保障法の領域における担い手たる使用者の法的責任として[28]，有期契約労働および派遣労働の雇用の不安定リスクをそうした労働を利用する使用者へ分配する制度であるとともに，有期契約労働者および派遣労働者の職業能力開発，キャリア形成に関し抱えるリスクを解消・軽減するため，そうした労働者を利用する使用者にその責任を費用負担の形で分担させるものともいえるであろう。補償金制度のこのような性格からは，その支払を受けた労働者が雇用保険の基本手当の受給ができる場合にも，その支給が制限されることにはならないようにすべきである[29]。

職業能力開発・キャリア形成については，とりわけ，派遣労働者に関して，派遣元によってなされる派遣先へのマッチングが，派遣労働者のそれまでの就労履歴・キャリアを考慮して行われるならば，派遣労働者の職業能力開発・キャリア形成の促進にとって役立つことが知られている[30]。このことを踏まえ，ま

---

[27] 原ひろみ「非正社員の企業内訓練についての分析」日本労働研究雑誌607号（2011年）33頁，45頁。
[28] 有田謙司「労働市場の流動化とキャリア形成の法政策」法律時報75巻5号（2003年）30頁，31頁を参照。
[29] 有田謙司「有期労働契約の法規制のあり方」季刊労働者の権利288号（2011年）33頁，37頁。
[30] 松浦民恵「派遣労働者のキャリア形成に向けて」日本労働研究雑誌582号（2009年）29頁，33頁以下を参照。

た，適職選択権の保障の観点からも，そのようなマッチングに配慮するよう義務づけることも検討に値しよう。そして，これをどれだけ実行しているかについて情報開示すべき事項として加えるならば，一定の効果を期待することができるように思われる。さらには，派遣元管理責任者にキャリアカウンセラーの資格の保有を義務づけ，派遣労働者のキャリア形成に配慮した就労を図るようにしていくことも検討に値しよう。今回の労働者派遣法の改正内容である労働者派遣事業の適正化に関わる規制が効果を発し，優良な派遣事業者が労働者派遣事業の市場において大勢を占めるようになれば，そうした仕組みを取り入れることは現実的にも十分可能なものとなるであろう。

　有期契約労働者については，その職業能力開発の問題は，改正労働契約法20条によることとなるであろう。これに加えて考えるとすれば，有期契約労働者については，職業紹介を通じて次の職業キャリアの形成のための転職を行うことが考えられることから，職安法の中に，先ほど述べた派遣労働の場合と同じく，有期契約労働者のそれまでの就労履歴・キャリアを考慮してマッチングを行うよう配慮すべき旨を定めるべきである，と考える。ただ，職安法においては，適職紹介の原則が定められているから，この原則の内容として，今述べたような配慮義務があることを明記する形となるであろうか。とはいえ，このことは，何も有期契約労働者に限ったことではないから，無期契約の正規雇用への転職・再就職がなされるときにおいても求められるものとして，労働権が要請する適職選択権の中身として，一般的に考えるべきことであろう。

　以上のような職業能力開発・キャリア形成の問題に加えて，さらに，労働条件面での問題についても，検討すべきものがある。今回の改正では，有期契約労働については改正労働契約法20条，派遣労働者については改正労働者派遣法30条の2が，有期契約労働者および派遣労働者の労働条件をディーセントなものとするために，無期契約の労働者および派遣先の労働者との比較という手法を用いて，その確保を図る仕組みが設けられた。しかしながら，日雇労働者および例外的に許容される日雇派遣労働者にとっては，その多くの場合に比較対象者が存在せず，この規制手法においてはディーセントな労働条件の確保を期しがたいところがある。そのため，こうした比較による規制手法ではない，絶

対的な労働条件の水準を確保するための仕組みを考えなければならないであろう。この点，学説の中に，生活を維持できないほど極度に低い労働条件を社会的公序違反となるものと考え，これにより労働契約法7条の「合理性」が否定されるとする法理が解釈論として提起されているが[31]，こうした解釈論を手がかりとしながら，なにがしか立法的な手立てを講じる必要がある，と考える。最低賃金法の見直しは，そのひとつといえるだろうか。本稿では，具体的な法政策については今後の検討課題として，問題の存在を指摘するにとどめたい。

(3) 適正なマッチング・システムとしての整合的な法規制

第3は，適正なマッチング・システムとしての労働者派遣事業と職業紹介事業との整合的な法規制の問題である。今回の労働者派遣法改正により日雇派遣の原則禁止がなされたが，これには政令により定められた日雇派遣が認められる例外が認められている（労働者派遣法施行令4条2項，同法施行規則28条の2・28条の3）。この例外の存在が適切かは，検討を要するところである。

さて，日雇派遣の原則禁止が求められるところとなったのは，間接雇用であることから生じる危険の問題，特に短期間になると，派遣先・派遣元ともに派遣労働者の管理がずさんになり，労働災害が起こりやすいといった，派遣労働者の安全面での問題が大きいということであった[32]。そうしてみると，危険有害業務については，例外を認めるということにはならず，日雇派遣としては絶対的に禁止するという法政策がとられるべきであるし，そして，このことは，直接雇用である日雇労働においても同じことがいえるから，日雇労働についても，危険有害業務については職業紹介のみならず日雇労働それ自体を禁止すべきであろう[33]。

ところで，前述のように，日雇派遣の原則禁止が施行されることを受けて，従来は日雇派遣事業を行ってきた労働者派遣事業者の中において，日々雇用の有料職業紹介事業へと移行し，収入の不足を補うために，紹介先の賃金計算等

---

31) 野田進「『働きながらの貧困』と労働法の課題」労働法律旬報1687号（2009年）6頁以下。
32) 今後の労働者派遣制度の在り方に関する研究会・前掲注16)報告書44-45頁，老月・前掲注15)論文35頁を参照。
33) 諏訪他・前掲注21)座談会15頁［濱口桂一郎発言］を参照。

の労務管理を合わせて請け負うものが出てきている。それでは，このような事業のあり方について，何らかの法規制を必要としないのであろうか。検討の余地があるように思われる。

この日雇労働者の賃金計算等の労務管理の代行料は，今回の改正労働者派遣法において情報開示の対象とされるところとなった労働者派遣での派遣料金におけるマージンの一部と同じ性格のものとみることもできる。そのように考えれば，有料職業紹介事業者が，紹介先に対して兼業として労働者の賃金計算等の労務管理の代行を行う場合においては，その代行料金に関しての情報開示を求める規定を職安法の中に定めることを検討すべきであろう。労働者派遣との整合性をもった法規制の要請からも，そのような法規制を設けるべきである。

(4) 有期契約労働者と派遣労働者の voice at work の保障

第4は，有期契約労働者や派遣労働者の voice at work を保障する仕組みの整備の問題である。[34] ディーセント・ワークといえるためには，労働者の声が反映されるように労使間での交渉の機会が保障されていることが必要である。この点に関して，現行法制をみると，労働者派遣法上の派遣元責任者および派遣先責任者による苦情処理の手続（26条1項7号・36条3号・40条1項・41条3号）が存在するものの，これでは不十分であるし，有期労働契約についてはそうした規定もない。[35] 確かに，派遣労働者も，朝日放送事件の最高裁判決が[36]，派遣労働者の派遣先との団体交渉を可能としているとすれば，労働組合に加入して団体交渉によって自分たちの声を反映させることが可能な仕組みにはなっているといえようが，これが現実にはなかなかうまく機能していないことは周知の事実である。そこで，団体交渉の他に，協議手続等の法定を検討する必要がある，

---

34) A. Bogg and T. Novitz, 'Investigating "Voice" at Work' 33 COMP. LAB & POL'Y J. 323（2012），pp. 323ff. を参照。

35) 派遣先と派遣元との間にある歴然とした取引上の力関係のゆえに，派遣元が派遣先に対して，派遣労働者の賃金や職場環境についての交渉機能を発揮することは期待しがたいところ，派遣労働者の側が交渉することで賃金の引き上げが実現した事例が多くみられることが報告されており，労働者が声を上げることの重要性が，指摘されている。労働政策研究・研修機構『登録型派遣労働者のキャリアパス，働き方，意識 第Ⅰ部 分析編』（2011年）220頁（http://www.jil.go.jp/institute/reports/2011/documents/0139-1_01.pdf）。

36) 最三小判平7・2・28民集49巻2号559頁。

と考える。ただ,この問題は,一般的な労働者代表制の問題とも関わり,その制度設計については慎重な議論を要するものであるが,是非とも検討すべき事柄であろう。

(5) 雇用保障法制・社会保障法制の整備

第5は,有期契約労働および派遣労働に係る雇用保障法制や社会保障法制の整備の問題である。雇用保障法制の整備の問題については,これまでの検討において既に述べたところであるから,ここでは特定求職者支援法の利用制限の見直しをすべきことを指摘するにとどめる[38]。また,社会保障法制の整備の問題については,本学会誌本号の別稿(小西論文)を参照されたい。

VI おわりに

以上,本稿は,労働権の規範的要請から,労働市場全体においてディーセント・ワークの保障が可能となるように,有期契約労働と派遣労働をディーセント・ワークにしていくという法政策を志向すべきことを主張してきた。そのためには,ディーセント・ワークのいずれの構成要素の確保も実現するような法政策が検討されるべきと考えるが,なかでも有期契約労働と派遣労働については要となる雇用の安定性の確保という点では,有期労働契約の法規制を共通基盤として位置づけた検討がなされるべきことを再度指摘しておきたい。また,労働者派遣法の常用代替の防止の法規制の意義も,ディーセント・ワーク保障の原則の観点から再確認すべきである,ということも指摘しておきたい。

そして,有期契約労働と派遣労働をディーセント・ワークとしていくためにとられるべき法政策として,雇用の質の確保の要請に応えるものとするために

---

37) 毛塚勝利「企業統治と労使間系システム」石田眞・大塚直編『労働と環境』(日本評論社,2008年)47頁以下,水町勇一郎「新たな労働法のグランド・デザイン」水町勇一郎・連合総研編『労働法改革』(日本経済新聞出版社,2010年)48-54頁,唐津博「労働契約と集団的労働条件規制」西谷敏・根本到編『労働契約と法』(旬報社,2011年)181頁以下,竹内(奥野)寿「企業内労働者代表制度の現状と課題」日本労働研究雑誌830号(2013年)2頁以下等を参照。
38) 有田他編著・前掲注14)書300頁〔有田〕参照。

シンポジウム（報告②）

は，均等処遇等による労働条件の水準の確保，voice at work を保障する仕組みの整備，および有期契約労働者と派遣労働者の将来にも関わる社会保障制度の整備について，今後十分な検討がなされるべきことを再度指摘して，本稿を閉じることにしたい。

(ありた　けんじ)

有期雇用（有期労働契約）の法規制と労働契約法理
―― 労働契約法改正と契約論的アプローチ ――

唐 津 博

（南山大学）

I　はじめに

　労働契約には，期間の定めのないもの（無期契約）と期間の定めのあるもの（有期契約）とがあるが，雇用形態，雇用管理上の区分としての正規雇用，非正規雇用は，ほぼこれに対応している。すなわち，正規雇用の典型的属性は，無期契約と定年制による雇用関係の終了，賃金・人事等の労働条件における長期的，年功的な処遇・雇用管理であり，これらの属性を欠くものが非正規雇用と呼ばれている。[1] 2012年の労働契約法改正において，この期間の定めのある労働契約は，「有期労働契約」と命名され，新たな規定（18条「有期労働契約」の無期契約への「転換」，19条「有期労働契約の更新等」，20条　有期であることによる「不合理な労働条件の禁止」）が設けられた。

　今改正は，近年，法的のみならず強い社会的な関心を集めている，非正規雇用の「雇用の不安定さ」とその正規雇用との著しい「労働条件・処遇格差」の是正を図るための立法的対応であり，まずはその法政策的な意義こそ問われるべきであろう。しかし，本稿では，この新たな法規制（法ルール）を，労働契約論・労働契約法理の観点から検討してみたい。というのは，制定法である労働契約法の設定する法ルールは，基本的に労働契約法理に則したものでなけれ

---

[1]　厚生労働省・非正規雇用のビジョンに関する懇談会『望ましい働き方ビジョン』（2012年3月27日）では，原則として①契約期間の定めがない，②所定労働時間がフルタイム，③直接雇用の3つを満たすものを「正規雇用」と呼び，これに④勤続年数に応じた処遇，雇用管理の体系，⑤勤務地や業務内容の限定がなく時間外労働がある，という要素も満たすイメージで論じられることが多い，と指摘している。

ばならない，と考えるからである。

Ⅱ　有期雇用と「労働契約法理」

1　「労働契約法理」と雇用慣行・雇用管理

では，ここで言う労働契約論・労働契約法理とは何か。労働契約論・労働契約法理として論じられている領域は，幅広い。たとえば，労働契約の法概念論（労働契約概念と雇用契約概念の異同等をめぐる議論），労働契約の法的性質論，法的機能論，労働契約上の権利・義務論（権利義務体系論），労働契約の法解釈論，立法論（労働契約の法規制論）等がある。本稿における労働契約法理とは，この中の労働契約上の権利・義務論，すなわち労働契約関係（成立・展開・終了）における労使の権利・義務の法的構成とその内容を対象とする議論を指す。

この労働契約法理においては，周知のように，日本の雇用社会の現実，すなわち雇用管理・雇用慣行が考慮され，これが，労働契約法理の理論動向，法理構成に大きな影響を与えてきた。たとえば，判例法としての配転法理，出向法理，さらには解雇権濫用法理は，長期雇用システム（終身雇用慣行）に即して，形成，展開されてきたのであり，労働契約法に明文化されたと評される就業規則法理（その核心は，労働条件変更法理）も，これらの法理とともに，この雇用慣行を前提として確立されたのである[2]。

2　有期雇用と「労働契約法理」

しかし，つとに指摘されているように，長期雇用慣行は正規雇用をモデルとする雇用管理・雇用慣行にほかならない。非正規雇用は，まさに「正規雇用に非ざる雇用」なのであり，労働契約法理が想定している雇用モデルではない。非正規雇用は，正規雇用を補完する雇用形態として活用され[3]，雇用管理上，正規雇用とは明確に区分されている（正規雇用は主たる従業員として，非正規雇用は

---

[2]　石田眞「労働契約論」籾井常喜編『戦後労働法学説史』（労働旬報社，1996年）615頁以下は，日本における労働契約理論の歴史的推移を詳細に検討，分析し，その特徴と課題を指摘したものであり，この領域の必読文献である。

従たる従業員として位置付けられる)ので,労働契約法理はそのまま適用されない可能性がある。非正規雇用である有期契約労働者の反復更新後の雇止め(更新拒絶)の適法性を争う紛争において,裁判所は,有期契約労働者の雇用保護を図る雇止め法理を形成してきた。それは,雇止めに対して,判例法理である解雇権濫用法理を類推適用するものではあるけれども,類推適用を説きながらも,その濫用判断基準は正規雇用のそれとは異なる(合理的な差異があるべきである)[4]と明言している。また,解雇権濫用法理のバリエーションである整理解雇法理においては,有期契約労働者を含む非正規雇用の雇止めは,正規雇用たる無期契約労働者の解雇を回避するための措置の一つと位置付けられている[5]。非正規雇用に対する法的保護は,正規雇用に準じた保護であり,同時に,正規雇用に劣後する法的保護なのである。このような法状況に鑑みると,正規雇用の労働関係を規律する労働契約法理とは異なる,非正規雇用についての言わば「もうひとつの労働契約法理」[6]が存在するのではないか,とも考えられる。配転法理や労働条件変更法理が長期雇用慣行のもとでの労使の利益調整の法理として形成されてきたことからすると,これらの法理は,非正規雇用の雇用管理にはそぐわないのではないか。非正規雇用の労働契約には,正規雇用のそれとは異なる法的性質論,法的機能論,権利・義務論,法解釈論,立法論が成り立ちうるのではないか,と考えても不思議ではないのである。

---

3) かつて,日本経営者団体連盟(当時)は,『新時代の「日本的経営」─挑戦すべき方向とその具体策─』(1995年)において,雇用タイプを,①長期蓄積能力活用型(無期契約),②高度専門能力活用型(有期契約),③雇用柔軟型(有期契約)のグループに分け,①を中核として,②と③の有期雇用を積極的に活用する方針を打ち出したが,それは実現したかにみえる。
4) 日立メディコ事件・最一小判昭61・12・4集民149号209頁。
5) たとえば,アイレックス事件・横浜地判平18・9・26労判930号68頁では,解雇回避努力の具体的措置として「希望退職者の募集」に次いで,「臨時的社員の削減」があげられている。
6) 中窪裕也「労働契約の意義と構造」『講座21世紀の労働法 第4巻 労働契約』(有斐閣,2000年)7頁。

シンポジウム（報告③）

Ⅲ 労働契約の法原則と「労働契約法理」

1 労働契約の法原則

(1) 労働関係の法原則

　しかし，ここでは，労働関係の基本的な法原則に立ち返る必要がある。言わずもがなではあるが，労働関係法制の根拠規範は，憲法上保障された種々の基本権である。具体的には，基本的人権の享有（憲11条），個人の尊厳（憲13条），平等権（憲14条），生存権（憲25条），労働権・労働条件基準の法定（憲27条），労働基本権（憲28条）が，これである。また，労働条件の原則（労基法1条），労働条件対等決定原則（労基法2条1項，労組法1条）は，労働関係法規解釈の指導的な法原則と言うことができよう。これらは，労働関係を規律する基本的な権利保障，法原則であるという点で，現代雇用社会における労働関係の公正さを確保するための法的ルール，言わば公正ルールと言うことができる。

(2) 労働契約法と労働契約の法原則

　他方，2007年制定の労働契約法は，同3条において，労働契約の原則を謳っている。すなわち，第1項は労使の対等・合意原則，第2項は就業実態に応じた均衡考慮，第3項は仕事と生活の調和配慮，第4項は労働契約遵守義務・信義則，そして第5項は権利濫用の禁止を定めている[7]。

　これらの労働契約の諸原則のうち，労働契約法理においては，労働契約上の信義則（民法と労働法とでは，法の想定する当事者モデルが異なる――前者では自由で対等な契約当事者としての労使モデル，後者では個別的関係において自由・対等性の欠如した契約当事者としての労使モデル――ので，信義則の法的意義・内容は異なる）が重要な役割を担っている。判例，学説上，信義則に基づいて，様々な労働契約上の権利・義務，特に付随義務構成が試みられ，定着をみているものが少なく

7）「均衡考慮」，「仕事と生活との調和配慮」の法的意義をどのように解すべきかについては，石田信平「労働契約法の『合意原則』と合意制限規定との衝突関係」学会誌115号（2010年）41頁以下，緒方桂子「労働契約の基本原則」西谷敏・根本到編『労働契約と法』（旬報社，2011年）29頁以下が参考になる。

ない(使用者の安全配慮義務がその典型例である)が，労働契約上の信義則は，前掲の公正ルールに基礎づけられていなければならない。労働契約上の信義則により構成される契約上の権利・義務は，公正ルールに規範的根拠を置くことによって，その規範的正統性を得るのである。[8]

2 「労働契約法理」の基本的法ルール(法原則)

このような労働契約に係る規範的枠組みに着目すれば，労働契約法理は，公正ルールと労働契約の法原則に則したものでなければならず，これに規律されるものと解すべきことになる。すなわち，労働契約法理とは，正規雇用，非正規雇用という雇用形態，雇用管理上の区分を超えたものでなければならない。したがって，それは，長期雇用慣行の下の正規雇用をモデルとした「労働契約法理」でもなく，非正規雇用についての「もうひとつの労働契約法理」でもない，これまで「労働契約法理」として論じられてきたものを，そのうちに包摂もしくは統合する，言わば「在るべき労働契約法理」である。

では，「在るべき労働契約法理」とは何か。その基本的法ルール(法原則)は，労働契約の締結・成立，展開，解約・終了の各段階において，各段階の内容に対応して構想することができる。まず，①労働契約の締結・成立段階における基本的法原則は，労働条件(契約内容)の明示である。労働条件を開示し，その内容を説明すること，これが明示であるが，この原則は，労働条件(権利・義務)内容について労使の共通了解，相互理解を確保するための法ルールである。この法ルールは，契約内容についての透明性，納得性を高めることに資するものであり，この法ルールに則した措置を講じることによって，労使は，契約成立後に展開する労働関係を明確かつ具体的に予測することが可能となる。

次に，②労働契約の展開段階における基本的法原則は，指揮命令・労働過程(使用と就労の相互関係)における労使利益の尊重・配慮であり，労働者側から

---

[8] 唐津博『労働契約と就業規則の法理論』(日本評論社，2010年)14頁以下。なお，一般に，労契法3条4項の謳う信義則が民法1条2項のそれとどのような法的関係にたつのか特に意識されていないが，この問題については，沼田稲次郎「労働法における道義則—特に解雇をめぐる信義則と労働良識—」学会誌1号(1952年)6頁以下が示唆的である。

みれば，就労利益の尊重・保護，差別的取扱の禁止（平等原則）として具体化される法ルールである。労働契約法理としての配転法理，出向法理，懲戒法理（誠実労働義務論，職務専念義務論，競業避止義務論等），労働条件変更法理，差別的取扱の禁止法理（平等取扱義務論，均衡処遇論等），安全・健康法理（安全配慮義務論，健康配慮義務論等），ハラスメント法理（職場環境配慮義務論等）等は，この法ルールを形成するものと位置付けることができる。

そして，③労働契約の解約・終了段階における基本的法原則は，契約関係の維持・存続への労使双方の期待的利益の尊重・配慮であり，労働者側からすれば，就労継続への期待的利益保護原則として具体化される法ルールである。労働契約法理としての解雇権濫用法理，整理解雇法理，有期契約の雇止め法理（更新拒絶法理），採用内定法理（内定取消法理），試用法理（本採用拒否法理）が，この法ルールとしての意義を担っている。

これらの基本的法原則は，公正ルールと労働契約の法原則に基礎づけられ，各段階に位置付けられる様々な領域にわたる法ルールは，公正ルールと労働契約の法原則に照らして，その規範的正統性の有無を評価されなければならない。したがって，非正規雇用としての有期契約に対する立法的規制は，非正規雇用についての「もうひとつの労働契約法理」ではなく，この「在るべき労働契約法理」に照らして，その規制根拠，規制手法が問われるべきことになる。それは，言わば，契約論的法規制論である。法規制のあり方という観点からすれば，「正規」雇用の法規制と「非正規」雇用の法規制とに整合性が求められ，また，非正規雇用の属性に対応する現行の立法的規制，すなわち，「労働時間の短時間性」に対応するパートタイム労働法による短時間労働規制，雇用と使用の分離による「雇用の間接性」に対応する労働者派遣法による派遣労働規制，そして「契約期間の限定性」に対応する労契法による有期雇用・有期契約規制，それぞれの法規制相互に整合性が求められるのであり，契約論的法規制論は，これらを検証，評価するための議論枠組みのひとつにほかならない。では，「在るべき労働契約法理」（以下では，「労働契約法理」とする。）の視点からは，今回の労働契約法改正はどのように評価できるのか。

IV 改正労働契約法の検討

1 労働契約の成立規制

　労働契約の締結・成立段階における現行法上の規制としては，労基法上，使用者に労働条件明示義務（労基法15条，労基則5条）が科せられている。労働契約は諾成契約と解されているから，労働の提供とこれに対する報酬（賃金）の支払いについての「合意」があれば契約は成立し，どのような労働条件についてどのような形で合意されたのかは問われない。この労基法15条は，労働契約成立の可否に関わる定めではなく，労働者が労働条件内容を明確にされないまま就労することによって不利益を被るおそれがある（就労に伴う生活関係の変化への対応において不測の事態が生じる等）ことに対応する労働者保護規定である。この規定は，労働契約の締結・成立段階における基本的法原則である，契約内容についての労使の相互理解を確保するための労働条件（契約内容）明示の原則に照らして，労使関係の実情（労使の社会経済的地位の格差）に則したものとして意義づけられよう。[9]

　労働契約期間は，使用者が書面による明示を義務付けられる事項である（労基則5条2項）が，今回の労働契約法改正に伴い，労政審・労働条件分科会報告を受けた労基則の改正によって，有期契約の更新の判断基準が書面明示事項に追加された。[10]これは，労働契約法理としての労働条件明示原則を具体化する法ルールである労基法上の労働条件明示義務を強化する適切な措置と言える。

　しかし，有期労働契約のいわゆる「入口規制」としての，有期契約締結事由の規制は行われないこととなった。前掲・労働条件分科会報告によれば，「有期労働契約は，合理的な理由がない場合（例外事由に該当しない場合）には締結できないような仕組みとすることについては，例外業務の範囲をめぐる紛争多

---

9) 労基法15条と公正ルールを構成する同法2条1項（労働条件対等決定原則）との関係については，西谷敏『規制が支える自己決定』（法律文化社，2004年）57頁参照。
10) これに伴い，「有期労働契約の締結，更新及び雇止めに関する基準」（平成15.10.12厚生労働省告示第357号，平成20.1.23厚生労働省告示第12号）も改正された（平成24.10.26基発1026第2号），労働法令通信2299号9頁以下。

発への懸念や，雇用機会の減少の懸念等を踏まえ，措置を講ずべきとの結論には至らなかった」というのである。周知の通り，締結事由規制の是非については，労使の間を含めて厳しい意見の対立がある[11]が，今回の法改正作業では，この対立を克服することができなかった。

契約締結段階の法ルールとしての労働条件明示原則から，有期契約締結事由の規制を導き出すことは困難である。この原則は，期間設定（有期契約の締結）自体を制約する法ルールではないからであり，契約期間の有無は，基本的に契約当事者の自由に委ねられていると解される。したがって，期間設定自体を制約する論拠は，契約法理とは別の論理に拠らざるをえない[12]。

しかし，契約締結時に「有期労働契約を締結する理由」を明示させることは，労働条件明示原則の射程内の問題である。前掲・労働条件分科会報告では，締結事由の規制と同様に，「措置を講ずべきとの結論には至らなかった」とされたが，有期契約締結理由の明示が，事実上，有期契約の締結規制として機能するとの懸念があったためであろう。しかし，期間設定の有無が正規雇用と非正規雇用との雇用管理上の別扱いを決定づけるものとして機能していることに鑑みれば，それが労使双方にとって重要な労働条件事項であることを軽視すべきではない。労基則5条1項1号は，「期間に関する事項」の明示を義務付けているが，期間設定の理由はまさしく「期間に関する事項」にほかならないのである[13]。また，合意原則を謳う労働契約法が，同4条1項で，使用者を名宛人として，労働条件内容について「労働者の理解を深めるようにするものとする」とし，同2項が，労使双方が，「労働契約の内容（期間の定めのある労働契約に関する事項を含む）について，できる限り書面により確認するものとする」と規定していることにも留意すべきである。すなわち，同4条は「労働契約の内容

---

11) 有期契約規制の是非をめぐる労使の意見の対立は，有期契約の機能や実態についての労使の基本的な認識，理解の相違に根差している。この点については，労働政策審議会労働条件分科会「有期労働契約に関する議論の中間的な整理について」（2011年8月3日）労働法令通信2258号（2011年）8頁以下参照。
12) 雇用労働者の4割弱を有期契約労働者が占める雇用状況のもとで，雇用の安定を通じてはじめて社会の安定・持続可能性を確保できるという観点からは，無期契約を望ましい雇用モデルとする法政策を採り，「入口規制」を講じるべきである。この点については，唐津博「『派遣切り』と有期雇用の法ルール」法セミ653号（2009年）1頁以下参照。

の理解の促進」と銘打たれているが，これは，労使双方が，労働条件内容を十分に理解・納得のうえで，これを共有することによってはじめて公正な労働関係の展開を確保できることを示すものである。したがって，労働契約法理として有期契約締結事由の規制を導くことは困難としても，有期契約締結の理由の開示を求める規制を導き出すことは可能であり，この規制は，労働契約法4条の趣旨を生かすためにも必要な規制と言うべきである。したがって，今回の法改正で締結段階の規制が見送られたことは遺憾というほかない。

2 労働契約の展開規制
(1) 現行法

労働契約の展開過程，すなわち，使用者の指揮命令にもとづく就労関係を規律する法ルールとして，現行法としては，まず，労働契約法が幾つかの規定を置いている。具体的には，使用者の安全配慮義務（同法5条）[14]，労使の合意による労働条件変更（同法8条），就業規則の変更による労働条件の変更（同法9条，10条，11条），出向命令権の濫用禁止（同法14条），懲戒権の濫用禁止（同法15条）の定めである。また，差別的取扱の禁止もしくは是正のための種々の立法的措置が講じられている（たとえば，労基法3条，4条，労組法7条，均等法5条，6条，9条3項，11条，パート法8条，9条，10条，派遣法30条の2等）。

前述のように，労働契約の展開過程における労働契約法理としての基本的法原則は，指揮命令・労働過程（使用と就労の相互関係）における労使利益の相互

---

13) 契約期間について書面明示がなされなかった場合の効果をどのように解すべきかについては，「有期労働契約研究会・中間とりまとめ」（労旬1722号（2010年）63頁）で取り上げられている。この場合，書面による明示義務違反の責任は免れないが，期間についての約定内容は，基本的には，他の契約内容との相互関係のもとで当事者の意思解釈によって確定されよう。ただ，通常は，当該契約を無期契約と推定し，使用者による反証（期間についての合意の立証）を待つという手順になろうが，書面明示手続きの不履行に不当な動機・目的（法規制の潜脱等）がある場合には，この反証を認めるべきではない。
14) 言うまでもないが，労基法の第5章「安全及び衛生」を承けて制定された労働安全衛生法は，職場における労働者の安全・健康の確保について包括的な規制を講じ，また，妊娠中，出産後の女性労働者（妊産婦）の就業管理，健康管理については，労基法6章の2（64条の2〜66条），均等法12条，同13条の定めが置かれているので，労働契約法理としての安全配慮義務は，労働者の安全・健康確保に関する法ルールの一部にすぎない。

の尊重・配慮であり，労働者側からみれば，就労利益の尊重・保護，差別的取扱の禁止として具体化される法ルールである。

今回の法改正では，法20条が有期であることを理由とする不合理な労働条件を禁止するが，これは労働契約法理としての差別的取扱禁止の法ルールを具体化する現行法を整備するという意義を有する。しかし，この新たな法ルールが，パートタイム労働法にいう差別的取扱禁止と均衡処遇の法ルール，さらに改正派遣法にいう派遣労働者と派遣先企業労働者との均衡処遇の法ルールと，どのような関係にあるのか慎重な検討を要する。非正規雇用に対する規制としての短時間労働規制，派遣労働規制，そして有期契約規制の規制内容相互の整合性が問われねばならない。しかし，本稿では，紙幅の関係でこの論点は割愛し，改正法18条が導入した有期契約を無期契約に転換する新たな制度（以下では，無期転換制度という。）を取り上げることにしたい。

(2) 改正法18条の無期転換制度

無期転換制度は，有期契約が反復更新されて通算して5年を超えるとき，労働者は，無期契約締結の申込をすることによって，有期契約を無期契約に転換させることができるとするものである[15]。有期契約労働者に無期転換申込権が付与され，労働者の無期転換の申込に対して，使用者がこれを承諾したものとみなすという仕組みである。行政当局によれば，この制度趣旨は，有期契約を反復更新されている労働者の期間満了による雇止めへの不安，雇用の不安定さを念頭に置いて，「有期契約労働の濫用的な利用を抑制し労働者の雇用の安定を図る」点に求められている[16]。有期から無期へ転換することによって，無期契約について確立している解雇権濫用法理（労働契約法16条として立法化）の適用を受けることにより，雇用の安定を図ることができるということであろう。した

---

15) 野田進教授は，本条は，「雇用や労働条件の安定を保障するためには，本来期間の定めのないものが望ましいとの基本理念」を，「所定期間の契約更新後における，労使の意思（その解釈）を媒介にして実現させようとするもの」であり，「ドイツやフランスの立法にみられるような，労働契約は本来期間の定めのないものが原則であるとする規制理念に，一歩接近したものといいうる」と評されている，西谷敏・野田進・和田肇編『新基本法コンメンタール労働基準法・労働契約法』（日本評論社，2012年）418頁。

16) 平成24年8月10日基発0810第2号。

がって，無期転換制度は，労働契約の解約・終了段階における法ルールとして論じることができる。

　しかし，この無期転換制度は，労働者の無期転換権が行使された場合に使用者の承諾のみなし（みなし承諾）を法定するものなので，その実質は，労働者に契約期間の変更権を付与したものとみることもできる。すなわち，無期転換制度は，新たな労働条件変更ルールを法定したものと解される。労働契約法9条，同10条の就業規則による労働条件変更法理は，労働関係の長期継続性に特徴づけられる長期雇用慣行に対応した，集団的規律の対象となる労働条件についての変更ルールである。これに対して，私見によれば，個別的な労働条件（労基則5条1項1号［契約期間］，同2号［就業の場所，従事すべき業務］）についても，労働関係の継続性に即して，労働者にとっては労働関係の展開過程における生活条件の変化（たとえば，結婚に伴う家事・育児責任や肉親の高齢化に伴う介護責任の分担等）への対応の必要性，使用者にとっては経営環境の変化（たとえば，企業経営に影響を及ぼす社会・経済事情や国際情勢の変動等）への対応の必要性から，変更の必要性と変更内容の相当性を要件として，労使双方に労働契約上の労働条件変更権を承認すべきである。この変更権は，労働契約の継続的な展開過程における労使双方の事情変化に伴って生じる労働条件上の利益バランスの偏りを適宜，修正していくという機能を果たすべきものである。有期労働契約の反復更新による労働関係の継続は，期間満了による雇止め（雇用機会の喪失）についての労働者の不安という重大な不利益（雇用の不安定さ）を除去する権利（労働条件変更権）を労働者に付与するに十分な重大な生活条件の変化をもたらすものと評価すべきであろう。したがって，有期労働契約の労働者に有期から無期への契約期間の変更権を与える無期転換制度は，労使双方の利益バランスの

---

17) 改正法18条は文言のうえでは，「申込」と「承諾」による契約締結を定めているので，法形式的には新たな契約の締結強制を制度化したものと解することができる。しかし，契約の反復更新を前提としたうえで，期間の定めを除く労働条件は別段の定めのない限り従前と同一の条件によることとされているので，労働者の申込（使用者のみなし承諾）による一方的な契約の締結・成立というよりも，一定期間継続した有期契約の一方当事者である労働者に，現状の契約存続を可能ならしめる無期選択権を付与したものであり，実質的には労働条件内容である期間の定めの変更権を保障するものと解される。

18) 筆者の主張する労働条件変更権については，唐津・前掲注8)269頁以下参照。

調整を図るための労働条件変更ルールとして位置付けることができ，労働契約法理としての労働過程における労使利益の相互尊重・配慮の基本的法原則に則したものと評することができる。

 しかし，改正法18条の無期転換制度については，すでに，その制度趣旨に照らして多くの問題点があることが指摘されている[19]。具体的には，(イ)無期転換申込権の発生要件については，通算契約期間（5年間）の妥当性の有無，期間計算についてのクーリング期間の設定の是非，通算期間5年への到達を回避する行為（5年に達する前の雇止めの誘発，使用者の同一性を否定するための雇用形態の偽装等）への対応措置，(ロ)無期転換申込権の行使要件については，申込期限（現契約期間の満了日）の妥当性の有無，申込権の放棄（契約更新時の労働者側の自制的放棄または使用者による放棄強制）への対応措置，(ハ)権利行使の法的効果については，無期転換後の労働条件内容（期間の定めを除いて，労働条件を同一に維持する，あるいは，無期転換と同時に期間以外の労働条件を「別段の定め」によって変更する）の是非，無期契約への転換後の解雇法ルールの適用のあり方，である。

 それぞれ重要な論点であるが，ここでは，まず，この無期転換制度が有期契約規制として機能するうえで重大な難点を抱えていることを指摘しておきたい。すなわち，通算契約期間の算定にかかるクーリング期間の設定は，クーリング期間を挾んだ有期契約の断続的な活用を可能にする点で，雇用の安定を図るという制度趣旨にそぐわない。この措置には有期契約の活用への配慮がうかがわれるが[20]，これによって無期転換制度が骨抜きになる可能性が高まる。また，5年という期間は，有期契約の利用可能期間の上限（制限期間）ではなく，無期

---

[19] 改正法段階では，水口洋介「有期労働契約に関する労働契約法一部改正の法律案に対する意見書」季刊・労働者の権利294号（2012年）117頁，日本弁護士連合会「有期労働契約に関する労働契約法改正案に対する意見書」（2012年4月13日），宮里邦雄「有期労働契約の法規制」労旬1768号（2012年）45頁以下，川田知子「有期労働契約法制の新動向」季労237号（2012年）7頁以下，改正法成立後では，野田進・前掲注15)417頁以下，富永晃一「労働契約法の改正」法教387号（2012年）55頁以下，鼎談（岩村正彦・荒木尚志・島田陽一）「2012年労働契約法改正—有期労働規制をめぐって」ジュリ1448号（2012年）14頁以下，原昌登「有期労働契約の無期化」同52頁以下，シンポジウム（鎌田耕一・水口洋介・木下潮音・新谷信幸・田中秀明）「改正労働契約法の実務上の問題と労使の課題」季労239号（2012年）112頁以下等がある。

転換申込権付与の基礎的期間にすぎないので，有期契約は，利用期間規制のない便宜的な雇用形式として維持できる。これでは，有期契約の濫用的な利用を抑制するという制度趣旨の意義は減殺されよう[21]。したがって，無期転換申込権を権利として実効性あらしめるためには，有期契約の便宜的利用ニーズの高い労使関係の現状に照らして，当該権利の発生を回避する行為（5年到達前の雇止め等），もしくは阻止する行為（労働者からの権利不行使の同意取り付け等）を明文の規定で禁止することが不可欠である[22]。当面は，かかる行為は制度趣旨を没却させるものとして許容されない旨の周知を徹底するとしても，早急にこの問題に対応する立法的措置を講じる必要がある。

次に，無期転換後の労働者に対する解雇法ルールの適用問題に注目したい。無期転換制度の最大の眼目が，無期転換により解雇法理の適用を受け，その限りで有期であるがゆえの雇用の不安定さ，すなわち期間満了による雇用終了・雇止めの問題を克服する点にあるからである。しかし，この点は，次の有期契約更新後の解雇法ルールの適用をどのように理解すべきかという問題と関連するので，後述する。

3 労働契約の終了規制

(1) 現行法

労働契約の解約・終了に対する現行法上の法規制としては，解雇の手続的規

---

[20] 鼎談（荒木）・前掲注19）27頁は，ドイツの例を引いて，有期労働契約の雇用創出機能（労働者にとっての雇用機会の確保）の観点から，クーリング期間の必要性を説明する。しかし，川田・前掲注19）10頁が指摘するように，クーリング期間を利用した有期契約の反復更新は，労働者の職業能力の向上や人間らしい働き方という点で，きわめて重大な問題を孕んでいる。

[21] 行政通達・前掲注16）は，5年間経過後無期転換権を行使しない場合でも再度の契約更新の場合に新たに無期転換申込権が発生するとして，事実上，有期契約の利用には限度がないことを認めている。また，実務家は，無期転換申込権の発生への対策として，更新する有期契約期間の限度を5年間としつつ，クーリング期間を活用することをアドバイスしている。たとえば，中川恒彦「改正労働契約法の解説[5]」労働法令通信2303号（2012年）21頁以下等。

[22] 行政通達・前掲注16）は，事前に無期転換申込権を行使しないことを更新条件とする等の事前放棄条項は改正法18条の趣旨を没却するものとして公序良俗に反し無効とするが，かかる趣旨の明文の規定がなければ，後述の契約不更新条項の場合と同様に事前放棄条項の解釈問題（その有効性を労働者の真意の有無に係らしめる議論）が生じることは必定である。

制として，労基法上の解雇予告・予告手当制度（同法20条，21条），退職証明書（解雇理由書）の交付義務（同法22条），解雇の実体的規制として，労基法上の解雇制限（同法19条），均等待遇（同法3条），監督機関への申告（同法104条），労契法上の解雇権濫用法理（同法16条），有期契約の期間中の解雇禁止（同法17条1項）の定め，労組法上の不当労働行為の禁止（同法7条1号，4号）等がある。

行政当局によれば，今回の改正法19条は，有期契約の更新等に関するルールを明確化し，雇止めにさいして発生する紛争を防止し，その解決を図るために，判例法理として確立している有期契約の雇止め法理の内容や適用範囲を変更することなく規定したものであり，一定の場合に雇止めを認めず，有期労働契約が締結又は更新されたものとみなすこととしたもの，とされている。すなわち，改正法19条第1号は，昭和49年の東芝柳町工場事件最高裁判決（最一小判昭49・7・22民集28巻5号927頁），同第2号は，昭和61年の日立メディコ事件最高裁判決（最一小判昭61・12・4集民149号209頁）の，それぞれの要件を規定したものである[23]，という。そうであるとすれば，今回の法改正は，労働契約法理としての，労働契約の解約・終了段階における基本的法原則である，契約関係の維持・存続への労使双方の期待的利益の尊重・配慮の法ルール，労働者側からすれば，就労継続への期待的利益保護原則の法ルールとしての判例上の雇止め法理の制定法化であり，法ルールの明確性，周知性を高めるという点からみて，肯定的に評価されることになろう。ところが，改正法19条の法文は一般に判例法として定式化されている法ルールをそのまま条文化したものではなく，そこには前掲の最高裁判決が言及していないことが付け加えられている[24]。したがって，改正法19条が，「判例法理（いわゆる雇止め法理）の内容や適用範囲を変更することなく規定した」（行政通達）ものか否か，疑問が生じよう。したがって，まずは，判例法理としての雇止め法理とは何かを確認しておく必要がある。

(2) 雇止め法理と最高裁二判決の異同

東芝柳町工場事件最高裁判決[25]は，一般に，実質無期タイプの有期契約につい

---

23) 行政通達・前掲注16)。
24) この点については，川田・前掲注19)11頁以下，シンポジウム（新谷）・前掲注19)120頁以下参照。

て，日立メディコ事件最高裁判決は，期待保護タイプの有期契約について，解雇法理の類推適用を判示したものと整理されている[27]。しかし，両判決の射程は異なる。すなわち，東芝柳町工場事件最高裁判決は，実質無期タイプの有期契約には解雇法理が類推適用されるとしたうえで，本件の場合，「経済事情の変動により剰員を生じる等」，従来の取扱いを変更して期間満了を解雇事由とする就業規則条項を発動しても「やむをえないと認められる特段の事情の存しない限り，期間満了を理由として雇止めをすることは，信義則上からも許されない」と論じただけであり，雇止めが許されないことの結果，その法律関係がどうなるかについては言及しなかった。これに対して，日立メディコ事件最高裁判決は，期待保護タイプの有期契約について解雇法理の類推適用だけでなく，その法的効果（従前の労働契約が更新される），さらに解雇法理の適用の仕方（無期契約労働者と有期契約労働者の解雇の効力の判断基準には合理的な差異がある）についても論じている。したがって，東芝柳町工場事件最高裁判決の無期契約タイプでは，解雇法理の類推適用により雇止めが許されないことになるのであれば，当該契約は法的には期間の定めのない契約として取り扱われる，との解釈の可能性が出てくる。すなわち，両判決を判例法理を形成するものとして同列に扱うことはできないのである[28]。したがって，東芝柳町工場事件最高裁判決と日立メディコ事件最高裁判決を重ね併せて，判例法理としての雇止め法理が形成されている，そのように理解するのが，無理がないのかもしれない。そうである

---

25) 本判決は，本件では「期間の満了毎に当然更新を重ねてあたかも期間の定めのない契約と実質的に異ならない状態で存在していた」のであるから，雇止めの意思表示は「実質において解雇の意思表示にあたる」ので，雇止めの効力の判断にあたっては，「その実質にかんがみ，解雇に関する法理を類推すべきである」と論じた。

26) 本判決は，本件では「その雇用関係はある程度の継続が期待されていたもの」であるから，「このような労働者を期間満了によって雇止めするに当たっては，解雇に関する法理が類推され」，解雇無効とされるような事実関係の下に使用者が新契約を締結しなかったとすれば，期間満了後は「従前の労働契約が更新されたのと同様の法律関係となる」とし，しかし，「雇止めの効力を判断すべき基準は，いわゆる終身雇用の期待の下に期間の定めのない労働契約を締結しているいわゆる本工を解雇する場合とはおのずから合理的な差異がある」と論じた。

27) 厚生労働省「有期労働契約の反復更新に関する調査研究会報告」（平成12年9月11日）は，この時点までの裁判例を①純粋有期契約タイプ，②実質無期契約タイプ，③期待保護（反復更新）タイプ，④期待保護（継続契約）タイプの4タイプに分類している。

とすれば，有期契約であっても無期契約タイプと期待保護タイプについては，期間満了を理由とする雇止めについては解雇法理が類推され，その結果，雇止めが許されないと判断される場合には，従前の労働契約が更新されたものとして扱い，ただし，解雇法理が類推されるからといっても，無期契約についての解雇法理の適用，解雇の効力判断基準とは合理的な差異がある，との法ルールが導かれることになる。このように解した場合，日立メディコ事件最高裁判決こそ，判例法理の核であることになろう。実質無期タイプも，広い意味では期待保護タイプの中に含まれると解することもできるのである[29]。

(3) 改正法19条の有期契約更新制度

では，改正法19条は，この判例法理を具体化するものであるのか。一読すれば明らかなように（そもそも一読することさえ難儀する[30]），本条は，きわめて技巧的な法文であり，改正法18条の無期転換制度の規定と同様に，申込と承諾による契約の成立という法形式にこだわって労働者の申込と使用者のみなし承諾という仕組みで，判例法理を成文化しようとした。すなわち，無期契約タイプ（条文の1号）と期待保護タイプ（条文の2号）の有期労働契約について，使用者の更新拒絶（条文では，労働者による更新申込または有期契約締結の申込の拒絶）に対する解雇法理の類推適用と，雇止めが許されない場合に従前の労働契約が更新されること（条文では，従前の有期契約と同一の労働条件での，当該申込に対するみなし承諾）を定める。この規定は，条文の見出しが［有期労働契約の更新等］と表記されていることからも明らかなように，一定の要件を満たした場合に有期労働契約が更新される法ルール，いわば有期契約更新制度を定めたものであり，判例法理を一種の法定更新制度と説明する学説[31]を想起させる。

---

28) 東芝柳町工場事件最高裁判決と日立メディコ事件最高裁判決の法的論理と効果を「共通」するものと解するもの（櫻庭涼子「雇止め法理の根拠と効果—東芝柳町工場事件判決再考—」季労230号（2010年）213頁以下）もあるが，それが「素直な読み方」（同221頁）であるかどうか疑わしい。この問題については，安枝英訷「短期労働契約の更新と雇止め法理」季労157号（1990年）93頁以下を参照すべきである。
29) 山川隆一・前掲注15)西谷他編・新基本法コンメンタール425頁参照。
30) たとえば，シンポジウム・前掲注19)113頁，121頁の発言にみられるように，労使両当事者はもちろん法律家でさえ理解しにくい条文であるのは立法政策上かなり問題である。
31) 菅野和夫『労働法（第9版）』（弘文堂，2010年）192頁。

この規定は，有期労働契約の雇止めに解雇法理が類推適用されること（法的効果）を明記するための苦心の産物であろう。しかし，その法的効果を契約論的に導くため，判例法にはない労働者の「申込」を条文上の要件としたために，「申込」とは何を意味するのか，その解釈を問題とせざるを得なくなった[32]。判例法理を成文化するというのであれば，それを端的に叙述する条文でよかった。

　しかし，より重要な問題は，判例上，有期契約がどういう場合に無期契約タイプまたは期待保護タイプに該当するのか，その具体的な判断基準，考慮事情が一義的ではなく，明確にされていないままなので，判例法理が抱えていた難点が，そのまま法文のなかに持ち込まれたことである[33]。とくに，期待保護タイプについては，この期待利益の発生を阻止あるいは消滅させるための不更新条項（契約締結時の更新回数限定の合意，あるいは反復更新後の再度の更新を否定する旨の合意）の法的効力をどのように解すべきかが問題となる。この点については，裁判例・学説上，見解の対立があり，共通了解に達していない[34]。

　また，より重要な問題は，雇止め法理の抱える問題でもあるが，改正法19条の「客観的に合理的な理由を欠き，社会通念上相当であると認められない」とは，具体的には何を意味するのかという点である。この文言は，労契法16条の解雇権濫用法理のそれと同一であるが，日立メディコ事件最高裁判決によれば，有期契約労働者は無期契約労働者とでは解雇法理の適用に合理的な差異がある

---

[32]　行政通達・前掲注16)は，「更新の申込」及び「締結の申込」は，要式行為ではなく，使用者による雇止めの意思表示に対して，労働者による何らかの反対の意思表示が使用者に伝わるものでもよい，として，訴訟の提起，紛争調整機関への申立て等が例示されており，これを受けて，山川・前掲注29)429頁も，この「申込」要件の判断を柔軟に行うことが可能だとする。しかし，これは条文の文言解釈からは大きくズレており，このような融通無碍な解釈を可とするのであれば，そもそも「申込」の用語自体が不適切であると言わねばならない。

[33]　改正法19条の成立後，菅野教授が前掲注31)の新版（第10版，2012年）231頁で，その判断基準については「裁判例の積重ねが承継される」とするところからも明らかなように，本条は解釈基準の明確化に寄与するものではなく，むしろ「申込」等新たな要件の解釈問題（紛争の火種）を生み出してしまった。

[34]　不更新条項の有効性をめぐる裁判例，学説の動向については，小西康之「不更新条項に基づく雇止めと解雇法理の類推適用の可否」ジュリ1324号（2006年）131頁以下，篠原信貴「有期労働契約の雇止め」季労238号（2012年）126頁以下，山川・前掲注29)425頁以下参照。なお，この問題は，「労働契約における合意」論に係る問題であり，別の機会に検討を加えたい。

ので，雇止めの「客観的合理的理由」と「社会的相当性」と解雇のそれとは異なることになろう。また，前述の無期転換制度により無期転換した労働者に対する，無期転換後の解雇について行政当局は，「一般的には，勤務地や職務が限定されている等，労働条件や雇用管理がいわゆる正社員と大きく異なるような労働者については，こうした限定等の事情がない，いわゆる正社員と当然には同列に扱われることはない」[35]としているので，無期転換した労働者の解雇の「客観的合理的理由」と「社会的相当性」も，本来無期契約の労働者のそれとは異なるかもしれない。すなわち，①いわゆる正規雇用＝無期契約労働者〈無期型〉の解雇と，②非正規雇用であるが契約期間だけ無期契約に転換（変更）した労働者〈無期転換型〉の解雇と，③非正規雇用＝有期契約労働者であるが契約更新制度により契約が更新された労働者〈契約更新型〉の解雇について，それぞれの解雇の効力の判断基準が異なるということである。また，③〈契約更新型〉については，無期契約タイプで契約更新の労働者と期待保護タイプで契約更新の労働者とでは，雇用調整の際には無期タイプに強い保護が与えられると解すれば[36]，③〈契約更新型〉を２つのタイプの労働者に分けることもできる。では，どのように異なるのか。おそらく，その差異を具体的に示すことは難しいであろう[37]。

　そもそも客観的合理的理由と評価できる事情（解雇の根拠となる定めの有無，その運用状況等），社会的相当性の有無を判断する事情（当該労働者が被る不利益の内容・程度の社会通念上の評価等）は，個々のケースに応じて異ならざるを得ない。したがって，労働契約法理としての就労継続への期待的利益保護原則の観点からは，このような類型別での解雇保護の優先度を決定づけることはできないのである。たとえば，有期契約労働者であるから無期契約労働者に比べて要保護性が小さい，あるいは，無期契約タイプで契約更新された労働者であるから，期待保護タイプで契約更新された労働者よりも手厚い保護を受けるべきであるとは，一概に言えない。まさに，当該解雇に係る諸事情を総合考慮して，

---

35)　行政通達・前掲注16)。
36)　西谷敏『労働法』（日本評論社，2008年）438頁参照。
37)　この点については，山川・前掲注29)426頁参照。

客観的にみて合理的と評価できる理由があるか，それがあるとしても，社会通念上，当該解雇に妥当性を認めることができるかが問われなければならないのである[38]。したがって，非正規雇用の解雇規制保護が，一般論として，正規雇用の解雇規制保護に劣後するというのは，この正規，非正規が雇用管理上の区分にすぎないことからすれば，労働契約法理の観点からは，正当化できない[39]。正規雇用，非正規雇用，あるいは無期転換した非正規雇用という区別は，それぞれの労働者の有する利益状況を示すだけであって，解雇法理の適用もしくは類推適用のさいに考慮すべき事情の一つであることは否定できないが，それが決定的な考慮事情と解すべきではないのである。

V おわりに

ここ数年来，非正規雇用規制としての有期労働契約に対する法規制のあり方をめぐって，入口規制，出口規制の是非等，激しい議論が展開されてきたが，今回，新たな法ルールが労働契約法に設けられるに至った。法改正が実現したので，一応の結論は出されたことになるが，今後は，新設規定の意義や解釈をめぐって多くの議論が生じることが予想される。本稿は，改正法が，労働契約法上の法ルールを設定するものであることから，労働契約上の権利・義務論，解釈論という意味での労働契約法理の観点から，労働契約の成立・展開・終了の各段階に対応する法規制のあり方を問うという形で，今回の法改正の意義と課題について若干の検討を試みた。有期労働契約の法規制の是非をめぐる議論

---

[38] 「社会通念上相当である」の内容は，社会経済情勢の変動によって変容する雇用社会の現実に即して判断しなければならない。この点については，唐津・前掲注8）25頁以下参照。

[39] 島田陽一「有期労働契約法制の現状と立法課題」民商法雑誌134巻6号（2006年）103頁は，「有期契約であることは，契約期間満了による契約の終了を予定するというよりは，非正社員であることの身分的な象徴」であり，契約期間の設定は，解雇権濫用法理によって失われた使用者の解約の自由の代替的機能を営む（同867頁）と指摘するが，そうであればこそ，使用者都合の雇用管理上の区分（正規雇用と非正規雇用）に搦め捕られない法規制の論理が必要であり，本稿で論じる労働契約法理は，その一つの試みにほかならない。近年の非正規雇用拡大の問題への法的対応については，シンポジウム（毛塚勝利・石水喜夫・中野麻美）「どうなる？どうする！日本の雇用―非正規雇用拡大への処方箋を考える―」労旬1735=36号（2011年）88頁以下参照。

シンポジウム（報告③）

に対する契約論的アプローチである。しかし，本稿では紙幅の関係で改正法で新設された法ルールについての解釈論を十分に展開する余裕はなかったので，この点については機会を改めて別稿で論じることとしたい。

［付記］　脱稿後，「特集・有期労働契約法制」労働法律旬報1783=84号（2013年）6頁以下が刊行された。
　本特集には，西谷敏「労働契約法改正後の有期雇用」，毛塚勝利「改正労働契約法・有期労働契約規制をめぐる解釈論的課題」等の諸論稿が収められているが，本稿では参照できなかったことをお断りしておきたい。

（からつ　ひろし）

有期労働契約法制と均等・均衡処遇

沼 田 雅 之

(法政大学)

I　はじめに

　近年，非正規労働者と正規労働者（正社員）との労働条件の格差が問題視される一方，この問題については，労契法3条2項における均衡考慮に関する抽象的な規定が存在するものの，具体的立法措置としては，パートタイム労働法が具体的な規定をもつのみで，非正規労働者の均等・均衡処遇に関する問題について，十分な法整備がなされていなかったといっていい。しかし，2012年8月に可決成立した改正労働契約法では，「期間の定めがあることによる不合理な労働条件の禁止」規定（第20条）が新設され，一定の前進がはかられた。非正規労働者の多くが有期労働契約を締結している実態を考慮すると，非正規労働者の均等・均衡処遇の問題について一定の効果が期待できよう。

　しかし，労契法20条の「不合理と認められるもの」の解釈など，新たに提起された問題は大きい。この問題を考えるにあたっては，パートタイム労働法の制定等，均等・均衡処遇に関するこれまでの議論を参照することとは別に，たとえば，2012年3月の改正労働者派遣法の成立など，今回の労働契約法の改正にいたるまでの非正規労働者に関する近年の一連の議論，立法動向とも関連づけながら総合的に考慮すべき問題であると思われる。なぜなら，非正規労働者に対する政策自体が，近年の社会の動向と呼応しながら，大きく転換している

---

1)　厚生労働省に発足した「非正規雇用のビジョンに関する懇談会」がまとめた報告書「望ましい働き方ビジョン」（平成24年3月）によれば，「契約社員・嘱託」「パート・アルバイト」「派遣社員」「その他」のいわゆる非正規雇用の労働者数は，平成22年平均で1,756万人であるが，このうち有期労働契約労働者は，厚生労働省の試算によれば約1,200万人であり，約7割にもなる。

と考えられるからである[2]。

　本稿では，このような非正規労働者をめぐる政策動向を踏まえながら，新設された労契法20条の解釈問題を中心として，非正規労働者の均等・均衡処遇の問題について検討することとする。

II　均等・均衡処遇に関する議論と労働契約法第20条の位置づけ

1　均等・均衡処遇に関する学説と現在の状況を踏まえた評価
(1)　学説の動向とその相違の相対性

　改正労働契約法によって新たに新設された労契法20条の解釈するにあたっては，まず，これまでの均等・均衡処遇の議論とどのような関係にあるのかを検討することが有益であろう。したがって，労契法20条の解釈の問題を検討する前に，これまでの均等・均衡処遇に関する議論がどのように展開していたのかを簡単に確認することにしたい。

　契約形態差別，とりわけ賃金を中心とする処遇格差の問題は，この間立法上の進展があったパートタイム労働者をめぐる問題を中心に理論が発展してきた。まず，憲法14条等の憲法上の諸規定，これを具体化したと考えられる労基法3条や4条の規定の趣旨にある均等待遇原則の延長線上に，同一（価値）労働同一賃金原則という公序が成立しているとし，著しい処遇格差のみを公序違反とするか，より積極的に処遇格差そのものを公序違反とするか否かはともかく[3]，

---

[2]　たとえば，2012年2月17日に閣議決定された「社会保障・税一体改革大綱」では，「第2章　社会保障改革の方向性」の中で，「全員参加型社会，ディーセント・ワークの実現」の項目中の「非正規労働者の雇用の安定・処遇の改善などを図る」ことが盛り込まれている。さらに，「望ましい働き方ビジョン」・前掲注1）では，派遣労働者を含めた非正規労働者に関する雇用・労働政策の方向性がより一層はっきりと示されたのである。この報告書では，現状を「（これまでの）正規・非正規という二つの考え方を超えて，雇用労働の『安定』『公正』『多様性』とグローバル経済の中での企業経営の『自由』という価値の共存を実現するための新たな道筋を描くことが求められている」と認識した上で，「労働者がその希望に応じて安心して働くことができるよう，雇用の在り方として，①期間の定めのない雇用，②直接雇用が重要であり，どのような働き方であっても，③均等・均衡待遇をはじめとする公正な処遇を確保することが重要である。こうした雇用を実現するための環境を整備すべきである」と断じた。

公序違反の成立を認める学説がある。ただし、この場合の「同一（価値）労働」については、単に労働の質と量を基準とすべきとするものから、勤続年数や企業貢献度までを考慮するべきとするものもあるなど、論者によって幅がある。

これに対しては、職務給に基づく処遇がなされることが多いヨーロッパと比較すると、そのような処遇が広く普及していない日本では、同一（価値）労働同一賃金原則をそのまま認めることに批判的な学説が一方に存在している。そのような学説の中には、賃金等の処遇格差の問題について、完全に市場のコントロールに委ねるのではなく、「均衡の理念」による著しい賃金格差を「均衡の理念」が設定する公序に違反し、不法行為を構成するとの見解がある。この見解によれば、正社員とパートタイマーとの間の責任・拘束度による処遇格差を許容する一方で、労働の量・質の両面で正社員と同一労働を提供している場合には、著しい格差は違法なものとされる。

このほか、「同一義務同一賃金」によって解決すべきとの見解もあり、この場合の義務とは、時間外労働や配置転換などの義務を指しているとされる。

このように、パートタイム労働者との賃金をはじめとする処遇格差については、多くの学説があるが、いずれの学説も憲法14条等で示されている「等しきものには等しく扱われるべき」とする均等待遇の理念に、その理論的根拠を求めることでは一致しているようである。問題は、日本の処遇実態を前にして「等しきもの」をどう捉えるかについて、また「等しく」をどのように考えるのか、という点で、各論者が相当に苦心をしてきたのである。しかし、少なくとも「労働の量と質」の同一性は、処遇としても「等しく」扱われる、あるいは扱われる可能性を高める要素として重要視されるものであることには、ある

3） 本多淳亮「パート労働者の現状と均等待遇の原則」大阪経済法科大学法学研究所紀要13号（1991年）132頁以下など。
4） 山田省三「パートタイマーに対する均等待遇原則—法律学の視点から—」日本労働法学会誌90号（1997年）111頁以下。
5） 浅倉むつ子「パートタイム労働と均等待遇原則（下）」労旬1387号（1996年）45頁以下。
6） 土田道夫「パートタイム労働と『均衡の理念』」民商法雑誌119巻4＝5号（1999年）543頁以下。
7） 水町勇一郎『パートタイム労働の法律政策』（有斐閣、1997年）238頁以下。

シンポジウム（報告④）

種の共通理解があるといえよう。[8]

(2) 非正規労働者をとりまく状況の変化と均等・均衡処遇

ところで，2007年改正パートタイム労働法が施行された時代状況と比較すると，現在は，より一層非正規労働者と正規労働者間の公正な処遇の確保に関する要請が高まっていることに異論は少ないと思われる。そうすると，労契法3条2項で示されている「均衡考慮」の中身も大きく変化していると考えるのが妥当であり，これまで事業所における慣行や就業の実態によって説明が可能であった処遇格差の余地は，従前と比較するとその範囲は狭くなっていると考えるべきではなかろうか。このことを，これまでの契約形態差別に関する議論状況に引きつけて考えれば，「等しきもの」をどのように捉えるかという学説の差異は，より相対化されてきていると考えるべきある。少なくとも，労働の量や質について同等である労働者が，等しく処遇されるべきとの要請は，これを同一労働同一賃金原則というかどうかはともかく，雇用社会におけるある種の私法上の秩序を形成していると考えるべきであろう。

2　均等・均衡処遇に関する私見

後の労契法20条の解釈とも関連するので，ここで契約形態による処遇格差に関する均等・均衡処遇に関する私見を述べておきたい。有期労働契約を中心とする契約形態による処遇格差の問題は，憲法14条や憲法13条を憲法上の根拠とし，労基法3条や労基法4条で具体化されている均等待遇の原則はもとより，現在では非正規労働者を「選択」した労働者が，十分な生活保障のない状況に置かれていることが大きな問題となっていることから，憲法25条の生存権や良質な雇用を提供することを求めている憲法27条からも，この均等・均衡処遇の問題を理解する必要がある。このことから，「等しきものには等しく扱う」こ

---

[8]　たとえば，浅倉むつ子「社員・パートの賃金平等法理は『同一労働同一賃金原則』によるべきか？」日本労働研究雑誌489号（2001年）43頁では，「同一労働同一賃金原則」は硬直的な考え方ではなく，各国における合理的な賃金支払慣行に適合的なものとして修正して導入されうる考え方を示した上で，均等・均衡処遇に関する学説のバリエーションは，それを否定する説をのぞき，「同一労働同一賃金原則」の延長線上で説明しうることを示唆している。

とが強く要請される労働の量・質が同等な労働者間には、憲法14条や13条、憲法25条や27条、あるいは国際人権規約等の日本が批准した各条約、そしてこれを具体化した労基法3条、4条、また、パートタイム労働法8条や9条ないし11条、そして、今回の改正で公正な処遇の確保という法目的を強化している労働契約法、具体的には労契法3条2項を総合的に考慮すれば、同一労働同一賃金（処遇）原則が[9]、雇用社会における私法上の秩序＝公序が形成されており、このことはすでに最低労働条件となっていると考えるべきである。その一方で、労働の量・質が異なる場合にも、その間の相当性のない格差は違法とされる「均衡の理念」についても公序が成立しており、この両者の規範がそれぞれ成立しているものと考えるべきである。

Ⅲ　労契法20条の解釈

1　「期間の定めがあることによる……相違」の解釈

つぎに、新設された労契法20条の具体的解釈について検討したい。まずは、「期間の定めがあることによる……相違」についての解釈についてである。本条が定める「相違」については、「期間の定めがあることにより……相違」と規定している点を強調して、独立の要件とする見解がある[10]。しかし、私見ではこのようなある種の因果関係を独立の要件とする必要はないものと考える。なぜなら、後述のように本条の「不合理性」の判断は、たとえば「期間の定めなく雇用されている労働者」には年功的な賃金制度が、有期労働契約を締結している労働者には年功的ではない職務給的な時間給が適用されている場合であっても、それは、労契法20条で定められた諸要素を考慮した上で、それらの適用される制度の相違を合理化できるか否かで検討すれば足りるからである。

---

9) ここで「（処遇）」と付す理由は、均等・均衡処遇の問題は、賃金だけを射程にしたものではなく、広く労働条件を含む規範であると考えるべきであるからである。

10) 西谷敏・野田進・和田肇編『新基本法コンメンタール労働基準法・労働契約法』（日本評論社、2012年）430頁［野田進］。ただし、「この因果関係の要請は、『期間の定めがあること』と明らかに関係のない相違を排除する趣旨にすぎず、その実質的判断は合理性判断において検討され」るとしており、強い要件と捉えているわけではない。

2 不合理性判断の考慮要素

(1) 主たる考慮要素たる「職務の内容」

本条では、不合理性を判断する考慮要素として、①労働者の業務の内容及び当該業務に伴う責任の程度、②当該職務の内容及び配置の変更の範囲、③その他の事情が挙げられている。この点、現行パートタイム労働法8条の規定と比較すると、パートタイム労働法が職務内容の同一性、職務の内容及び配置変更の範囲の同一性といった厳格な要件を設定しているのに対し、労契法では、職務の内容や在職中の配置変更の有無の同一性を不合理判断の要件とせず、「その他の事情」を含めた考慮要素と位置づけているのであり、パートタイム労働法とは異なり、その柔軟な適用・運用を想定しているものと考えられるのである。実際、本条成立の立法過程では「基本給などの職務内容に関連する給付について職務内容の異なる者の間でどの程度のバランスをとるべきかという問題」についてもその射程にいれつつ議論がなされてきたのであり、したがって、不合理性を判断する主たる考慮要素こそ、「職務の内容」とはあるものの、「職務の内容」がまったく異なっていたとしても、「その他の事情」により、その不合理性が判断される根拠条文となりえるのである。このことは、労契法3条2項が、「就業の実態に応じて、均衡を考慮しつつ締結し、又は変更すべきものとする」と規定し、職務内容等をその条件としていないことも根拠となりえよう。私見によれば、結局バランスの問題に帰するのかもしれないが、異なる職種間の均等・均衡処遇の延長線上にある同一価値労働同一賃金（処遇）の問題は、「その他の事情」で考慮が可能である。

それでも、不合理性を判断する際の主たる考慮要素は、やはり「職務内容」

---

11) この点について、2012年6月21日の労働政策審議会雇用均等分科会は、「今後のパートタイム労働対策について（報告）」において、「有期労働契約法制の動向を念頭に、パートタイム労働法第8条については、①3要件から無期労働契約要件を削除するとともに、②職務の内容、人材活用の仕組み、その他の事情を考慮して不合理な相違は認められないとする法制を採ることが適当である」とされている。

12) 毛塚勝利「改正労働契約法・有期労働契約規制をめぐる解釈論的課題」労旬1783=84号（2013年）26頁も同旨。

13) 水町勇一郎「「同一労働同一賃金」は幻想か？」鶴光太郎・樋口美雄・水町勇一郎編著『非正規雇用改革』（日本評論社、2011年）294頁。

ということになろう。本条は,「同一労働同一賃金(処遇)」のルールのみを具体化したものとはいえないとしても,中核ではその規範性を含むものであり,したがって,「業務の内容及び業務に伴う責任の程度」が同等であれば,直接に「同一労働同一賃金(処遇)」を使用者に要請し,労働条件の相違にその他の合理的理由が存在していることを使用者側が立証できない限り,その不合理性が肯定される[14]と考えるべきである。

(2) 「職務の内容及び配置の変更の範囲」

「職務の内容及び配置の変更の範囲」とは,施行通達[15]がいうように,基本的には「今後の見込みも含め,転勤,昇進といった人事異動や本人の役割の変化等(配置の変更を伴わない職務の内容の変更を含む。)の有無や範囲を」指すことになる。しかし,たとえば,客観的な配置転換の有無やその範囲の差異が,そのまま労働条件の相違の合理性を肯定する要素とすることには反対である。そもそも,全国的に配置転換があるとするのは,幅広い職務を経験させることによって,将来の会社経営を担う人材を育成することを期待する労務管理の一貫としてなされると説明されることがあり,結局のところ労働者に求められる役割,広義の「責任の程度」を問題にしていると考えられるからである[16]。したがって,単純に転勤といった配置転換の有無やその範囲の違い,あるいは,昇進といった人事異動や本人の役割の変化等の客観的な差異がそのまま問題となるのではなく,なぜ一方のカテゴリーの労働者には配置転換が求められているのか,なぜ両者の間に配置転換の範囲に差異があるのか,なぜ,昇進可能性の有無に差異があるのかについて,客観的で合理的な理由の存在が問題とされるべきであろう。また,①配転の有無やその範囲は,本来,労働契約の条件・内容の一つの問題であること,また,②転勤のように,勤務地の変更を伴う配置転換には,

---

[14) 野田・前掲注10)430-431頁は,「本条にいう不合理な労働条件の禁止は,考慮要素の面では均衡処遇を求める規制に近い」としているが,私見では,同一労働(ここでは職務と責任)が同一であれば,もはや均衡処遇が求められるのではなく,均等待遇が妥当し,一方で部分的に同質性をもっている場合には,その程度に応じた均衡処遇が求められるという二重の意味を含む法規定であると理解したい。

15) 「労働契約法の施行について」(平24・8・10基発0810第2号)。

16) 山田・前掲注4)122頁も同旨。

均等・均衡処遇の問題ではなく、ワークライフバランスの観点からも、むしろ、実際に配転が命じられた労働者に対してなされる代償措置等の配慮がなされているかなど、就業規則等の合理性の問題として検討されるべきであることも考慮されるべきである。

(3) 「その他の事情」

「その他の事情」にどのような事情が含まれるかは、一律に判断されるべきものではない。ここで一点だけ強調すれば、勤続年数は考慮されるべき要素の一つである。有期労働契約を締結して企業内に取り込むことが、更新を予定しない、真に臨時的・一時的な利用の場合と、何度も更新をしてある程度の長期の雇用関係が継続している場合とでは、労働者がその雇用に生活を依存している度合いは大きく異なる。この点は、不合理性の判断でも大いに考慮されるべきである。

また、まったく職務内容が同一ではない場合でも、前述のようにその処遇差の相当性が問われるものと考えるのであるが、その際には、必要に応じて同業他社の状況も考慮されることになろう。

3　不合理な労働条件の相違

(1) 不合理な「労働条件」

不合理と判断されうる「労働条件」は、どのようなものなのであろうか。すなわち、この「労働条件」が、適用されている制度そのものを指すのか、あるいは結果としての労働条件の待遇差を指すのかという問題である。たとえば、有期労働契約締結労働者には一律に職務給的時間給が、期間の定めのない労働者である正社員には年功給が適用され、かつ前者には賞与や退職金制度はなく、

---

17) 緒方桂子「雇用形態間における均等待遇」日本労働法学会誌117号（2011年）46-47頁。
18) 施行通達・前掲注15)では、「合理的な労使の慣行などの諸事情が想定される」とされ、菅野和夫『労働法（第10版）』（弘文堂、2012年）237頁では、労働条件決定のプロセス（使用者が一方的に決定したか、あるいは労働組合等との合意を経て決定されたかという点）が重要であるとする。また、野田・前掲注10)431頁は、「有期労働契約労働者のみを短時間労働で就業させている事情」や「定年後の嘱託雇用として雇用している事情」などが例示されている。

後者にはそれらが適用される場面を想定した場合，本条のいう不合理な労働条件とは，このように両者間に適用される制度の相違を問題とするものなのか，あるいは結果として生じる賃金額等の差異を問題とするものなのかは，本条の文言からは不明である。

しかし，本条はこの両者を含む概念と考えるべきであろう[19]。というのも，本条の「不合理性」とは，「職務内容等の諸要素によって考慮しても，その差異が合理的に説明できない労働条件」であると解釈するのであるが，このように解釈すると，適用される制度の相違が合理的に説明できない場合のほか，仮にその点が合理的なものであっても，結果としての処遇格差が，労契法20条で示された要素を考慮しても，なお説明ができない程度の差異である場合には，その相当性が否定され，その労働条件は不合理なものと判断されることになると考えるからである。つぎに，もう少し具体的に考えてみたい。

(2) 基本給についての相違と不合理性

職務内容との関連性の強い処遇部分である基本給部分に相違がある場合は，職務内容等がその他の事情を考慮しても同等であることが認められれば，前述のような「同一労働同一賃金（処遇）」の原則からも，別異な制度を適用することは許されず，有期労働契約を締結している労働者に対して適用されている賃金制度自体が「期間の定めがあることによ」る不合理な相違と評価されることになる。

一方，職務内容等に差異がある場合には，これらの差異を理由として，それぞれ異なる制度を適用すること自体は，それが合理的に説明できるものである限り，不合理なものと評価されることにならない。ただし，その場合でも，支給される賃金額の総額の差異が，その職務内容等を比較しても説明できない程度の差異がある場合には，前述のように均衡の理念の公序に反し，相当性がないものとして，不合理な相違と判断されることになると考えることになる。

(3) 賞与についての相違と不合理性

賞与に関してはどうであろうか。これも基本給の場合で検討したように，職

---

19) 奥田香子「パート労働の将来像と法政策」西谷敏・中島正雄・奥田香子編『転換期労働法の課題』（旬報社，2003年）364頁，緒方・前掲注17) 46頁ほか。

シンポジウム（報告④）

務内容等が同等な場合は，制度の適用に差異が設けられていること自体が不合理の評価を受けることになろう。しかし，職務内容等に差異がある場合には，必ずしも適用されている制度の差異自体に不合理性はないものの，これはその制度趣旨の解釈の問題とも関係する難問ではあるが，功労報償的性格と賃金後払い的性格の両者の性格を併有する一般的な賞与を前提とする限り，一切の支給がなされないことには，相当性がないと解釈されることになろう。少なくとも賃金の後払い部分に関しては，その職務内容に伴う貢献度に応じた額が支給されるべきである。

(4) 退職金についての相違と不合理性

退職金に関しても，これまでと同様に考えるべきであるが，退職金には多年にわたる勤続に対する対価との側面があるのが一般的であり，有期労働契約を反復継続して更新し，その雇用が長期にわたっている場合は，その雇用期間の長さを考慮しつつ，それまでの貢献度に応じた何らかの支給がなされるべきであろう。

(5) その他の諸手当や処遇についての相違と不合理性

一方，職務内容等の差異とは直接関係なく，同一の使用者の下におかれていることに基づいて支給される手当や処遇，具体的には通勤手当，健康診断の実施，託児施設等の利用などの福利厚生等に関しては，適用に関し両者間に差異があることを合理的に説明できる場面は少なく，その多くは，適用される制度の差異の不合理性が肯定されることになろう。問題は，家族手当や扶養手当など，一見職務内容とは関係なく支給がなされる手当ではあるが，一方で生活給的な性格を持つものについてはどのように判断されるべきであろうか。結局は，職務内容等の要素に，その適用の差異を合理化できるだけの理由をその中に見いだせるか否かによって判断されることになると考えられるが，前述の「その他の要素」で検討したように，何度も更新をしてある程度の長期の雇用関係が継続している場合では，労働者がその雇用に生活を依存している度合いが大きいことが想定されるため，生活給的な要素は，勤続年数の要素が重視されると考えるべきであろう。

(6) 不合理な労働条件に関する立証責任

　労働条件は，使用者が一方的に定めてそれを雇用している労働者に一律に適用するような場合だけではなく，使用者と労働組合との交渉の末に決定された場合や，あるいは使用者と個別の労働者との交渉によって決定される場合，あるいは労働市場の動向にも左右されるなどして決定されるわけであるから，労契法20条の問題が争われたすべてのケースで，単純に一方のみが立証責任を負うとする解釈は，労使間のダイナミズムを軽視した形式的な法律論であろう。たとえば，期間を定めずに雇用されている労働者に適用されている制度と有期労働契約で雇用されている労働者に適用されている制度との間に差異がある場合，裁判上では，それを不合理であると主張する労働者側からは，当然，その職務内容等の同一性について主張されることになるであろうし，一方でその不合理性を否定する使用者側からは，職務内容等の異質性が主張されることになろう[20]。裁判所は，それらの当事者の主張を聞いた上で，「職務内容等の諸要素によって考慮しても，その差異が合理的に説明できない労働条件」であるか否かを判断することになるわけであるから，その判断が可能な程度に多くの主張が両当事者からなされることによって，その有機的な判断に資するものと考えられる。しかしながら，その両者に適用されている制度の差異や，結果としての労働条件の相違の相当性について，その合理性を説明しうる情報は，もっぱら使用者が有していることを考慮して，その立証責任の分担に関する配慮がなされるべきであることはいうまでもない[21]。

(7) 本条違反の効果

　最後に，不合理なものと判断された場合の法的効果について検討する。まず

---

20) 施行通達・前掲注15)では，「有期契約労働者が労働条件が期間の定めを理由とする不合理なものであることを基礎づける事実を主張立証し，他方で使用者が当該労働条件が期間の定めを理由とする合理的なものであることを基礎づける事実の主張立証を行うという形でなされ，同条の司法上の判断は，有期契約労働者及び使用者双方が主張立証を尽くした結果が総体としてなされるものであり，立証の負担が有期契約労働者側に一方的に負わされることにはならないと解される」との立場は妥当である。なお，菅野・前掲注18)237頁も同旨。
21) 川田知子「有期労働契約法制の新動向」季労237号（2012年）13頁は，「労働条件に相違があることについては労働者側が立証責任を負い，その相違が不合理であるか否かについては使用者側が立証責任を負うべき」として，私見より労働者側の立証責任を緩和する立場をとるが，情報の偏在という点を最大限に配慮したものと理解できる。

本条は、①労働契約法の中に規定されている純粋な私法上の規定であること、また、②本条の文言も「不合理と認められるものであってはならない」として、不合理な労働条件の相違を禁止する表現となっていることからも、私法上の強行規定であることはいうまでもない。問題は、施行通達のいうように、「法第20条により不合理とされた労働条件の定めは無効となり、故意・過失による権利侵害、すなわち不法行為として損害賠償が認められ得ると解される」のであろうか。さらには、「無効とされた労働条件については、基本的には、無期契約労働者と同じ労働条件が認められると解されるもの」として、補充的効果をも有しているのであろうか。この点、同様の問題はパートタイム労働法8条に違反する場合でも議論がなされていたのであり、その中でもこの問題に関しては十分な解明がなされていないのが現状である。

しかし、前述のように、本条は、同一労働同一賃金（処遇）原則の規範内容を中核とする一方で、均衡処遇原則を含む幅広い規範を包含する規定であると解釈すべきであり、このように解釈すると、本条が射程とするもののうち「同一労働同一賃金（処遇）」の公序に抵触する部分、すなわち労働の量・質の同等性が肯定される場合は、公序に違反し、違法・無効なものと判断されることになる。問題は、無効となった部分について、無期労働契約を締結している労働者に適用されている基準によって補充されるか否かである。この点は、積極的に解釈されるべきであろう。基本的に、就業規則等の合理的解釈をおこなうことによって、その補充的効果を最大限検討すべきである。

ところで、新設の労働契約法20条のような契約形態による格差の問題は、基

---

22) 野田・前掲注10)431頁なども同旨。
23) 菅野・前掲注18)238頁参照。なお、労働法学会でもその点については詳細な議論がなされており、渡辺賢「雇用平等を実現するための諸法理と救済のあり方」日本労働法学会誌117号（2011年）64頁以下を参照のこと。
24) 菅野・前掲注18)238-239頁は、この点消極的に解釈し、「本条が労働契約に対する格差是正の直律的（補充的）効力までも規定したとは読みがたい」とした上で、「就業規則等……の合理的解釈によって同基準を有期労働契約労働者にも適用できるような場合でなければ、無効と損害賠償の法的救済にとどめ」るべきとする。しかし、新設された労契法20条は、これまで均等待遇や均衡処遇をある種別なものとして捉えてきたこれまでの法規制や議論に対して、それら両法の概念を含む広範な規定として定められたと理解するべきであり、そのいずれの場合も同一の基準で考えるのには無理があると考える。

本的人権に直接抵触するような人種等を理由とした処遇格差とはことなり，少なくとも刑事罰をもって強制するまでの強い規範性はないことから，労基法による厳しい規制下におくのではなく，労契法によるよりソフトな規制の下におく方が適当であるとの政策的配慮があるものと考えられる。しかし，①同一価値労働同一賃金原則が，草案段階とはいえ，労働基準法に規定されることが準備されていたこと[25]，②少なくとも同一労働同一賃金（処遇）原則の部分は，雇用社会における最低限の秩序として，最低労働条件を形成していると解釈すべきであること，との理由から，強い公序違反が認められる同一労働同一賃金（処遇）原則の規範内容に抵触する不合理な労働条件によって処遇されている場合には，労基法13条の効果を参考としながら，就業規則等の合理的解釈が積極的になされるべきである[26]。

なお，補充的な効果を最大限可能とするように解釈すべきとする私見の立場からも，常に同一の労働条件によって補充されると考えるのは妥当ではない。たとえば，職務内容が同等であっても，所定労働時間に差異がある場合は，時間比例原則に従った補充的効果を想定しなければ，妥当な解決はかれない場合があるのも事実であるからである。

それ以外の場面では，たとえば，処遇差に相当性がない場合がありうるのは前述のとおりであり，また，処遇格差が事実行為に基づくものであることも想定されることから，その場合は，不法行為を構成し，相当性のない労働条件の相違によって生じた部分の損害賠償が認められることになろう。

Ⅳ　他の法令との関係

1　労働者派遣と均等・均衡処遇

2012年3月に成立した改正労働者派遣法によって，その30条の2で「均衡を

---

[25] 浜田冨士郎「労基法4条による男女賃金差別の阻止可能性の展望」前田達男・萬井隆令・西谷敏編『労働法学の理論と課題』（有斐閣，1998年）390頁以下参照。
[26] 本稿のもととなった日本労働法学会第124回大会での拙発表では，労基法13条適用あるいは類推適用の可能性について言及したが，そのような立場は本文のように修正したい。

考慮した待遇の確保」に関する規定が設けられた。具体的には，その第1項で，①派遣先の同種の業務に従事する労働者との賃金水準との均衡を考慮しつつ，②―1　当該派遣労働者の従事する業務と同種の業務に従事する一般の労働者の賃金水準，または，②―2　当該派遣労働者の職務の内容，職務の成果，意欲，能力若しくは経験等とを勘案して賃金を決定する配慮義務が定められた。

さらに，第2項では，同種の業務に従事する派遣先に雇用される労働者との均衡を考慮しつつ，教育訓練及び福利厚生の実施その他当該派遣労働者の円滑な派遣就業の確保のために必要な措置を講ずるように配慮する義務が法定された。

さて，この改正後の派遣法30条の2と，労契法3条2項，あるいは改正後の労契法20条とは，どのような関係にあるのだろうか。この点，派遣法30条の2は，労契法3条2項の趣旨を，労働者派遣という特殊な三者間労務供給関係に具体化した規定と解釈することができよう[27]。それでも，前述のように同一労働同一賃金（処遇）原則などが公序として成立しているとする私見の立場からは，派遣法30条の2の規定は不十分なものといわなければならない。結局，労働者派遣を利用すれば，派遣先は労契法20条の規定の適用を事実上免れることになってしまうからである[28]。これは「①期間の定めのない雇用，②直接雇用が重要であり，どのような働き方であっても，③均等・均衡待遇をはじめとする公正な処遇を確保することが重要である[29]」とする最近の政策動向とも合わない。

たしかに，労契法20条は，有期労働契約の派遣労働者を適用除外としているわけではないから，限定的とはいえ，労働者派遣の場合にも適用される余地がある。たとえば，同一の派遣元から，同一の派遣先に多数の派遣労働者が派遣されており，その中に期間の定めのない労働契約を締結している労働者が存在する場合には，労契法20条の適用が問題となる。しかし，これでは，労契法20条で示された規範は，ほとんど意味をなさない。やはり，労働者派遣の場合に

---

27)　沼田雅之「改正労働者派遣法の概要と問題点」労旬1780号（2012年）41頁。
28)　本庄淳志「改正労働者派遣法をめぐる諸問題―施工後の抜本的再検討に向けて」季労237号34頁（2012年）も同旨。
29)　「望ましい働き方ビジョン」・前掲注1）。

も，労契法20条と同質な規制が必要とされるであろう。

ところで，前述の同一労働同一賃金（処遇）等の公序は，単に同一の使用者内でのみ考慮される原則ではないと思われる。たとえば，そのような秩序は，同一の事業場内でも成立していると考えるべきではなかろうか。この点，近年の毛塚教授の論考は示唆に富むものがある[30]。一見するとあまり効力のなさそうな派遣法30条の2の規定について，このような方向性からの解釈が模索されることによってはじめて，労契法3条2項の趣旨が考慮されることになると思われる。

2　パートタイム労働法との関係

一方，労働者派遣法とは異なり，パートタイム労働法は，その制定過程からも，労働基準法や労働契約法との密接な関係を指摘することができる。しかし，パートタイム労働法の規制の内容やその実効性確保手段の違いといった法律上の性格の違いから，差別的取扱いの禁止を定めるパートタイム労働法8条や，均衡処遇を問題にする9条ないし11条の規定と，労契法20条の規定は，それぞれ別に適用されることになる。そうすると，パートタイム労働者で，かつ有期労働契約を締結している場合は，両法の規定の適用問題が発生しえる。この場合，それぞれの適用範囲の相違とも関連しながら，ケースバイケースで適用法条の調整がなされることになろう。私見では，前述の同一労働同一賃金（処遇）等の公序が積極的に考慮されているのは労働契約法の規定であるので，パートタイム労働法8条よりも労契法20条が適用される場面が多くなるだろうと予想するものである。

---

30) 毛塚勝利「労働法における差別禁止と平等取扱」山田省三・石井保雄編『労働者人格権の研究（下）』（信山社，2011年）23頁は，雇用形態差別の問題を平等取扱義務によって基礎づけつつ，その平等取扱義務の中に「時間的経過のなかで生活空間への内部化が深化し労働者の平等感情が……強化される」との視点があることを指摘している。毛塚教授は，この「生活空間」について同一の使用者の下に限定されるのかどうかは明確にしていないが，別な使用者の下に雇用関係等が成立している労働者派遣の場合も，「生活空間」への内部化が深化することは妨げられないから，同一の事業場の場合も含まれうると解釈できよう。

V　さいごに

　私見のような公序論の立場に立たなくとも，契約形態による処遇格差の問題は，労契法20条の新設によってあらたなステージに突入したといってよいだろう。確かに，これまでの日本的処遇実態と，均等待遇原則や同一（価値）労働同一賃金原則の議論が理想とするものとの間には，大きな落差があったことは事実である。しかし，これまでの均衡処遇ルールとは異なる形で規定された労契法20条の規定の新設によって，契約形態差別に関する議論の対立は止揚されるべきである。確かに，日本的な処遇実態を急速に変えることは困難であろうが，労契法20条の規定が柔軟性をもった規定とされた背景には，その時代時代の均等・均衡処遇の議論の進展や社会動向の変化を，適切に法的判断に反映することを可能にすることを意図したものと解釈したい。ただ，いずれにしても議論の出発点は，均等・均衡処遇ルールはすでに法的な原則として確立したものであることを確認することであり，それを前提として，今後は，その具体的内容の深化が問われていると考えるべきである。

（ぬまた　まさゆき）

非正規労働者の社会・労働保険法上の地位

小 西 啓 文

(明治大学)

I はじめに

　いわゆる非正規労働者をめぐっては，わが国がグローバルに進展する経済の中で競争力を失わないよう，自由な競争を促進し企業の活力を妨げている規制と過剰な負担を撤廃すべきであるという規制緩和政策の影響を受けた結果，まじめに働いても生活の安定など望めないフリーターや生活保護水準以下の賃金で働くワーキング・プアと呼ばれる階層が出現していることが問題とされている。そしてこれらの非正規労働者は後述するように，制度的にも事実上の取扱いでも被用者保険から排除されてきたため，現在の労働条件の低さは老後の年金などの受給権に著しい悪影響を及ぼすことにもなる。

　ところで，わが国の社会保障制度の成立過程に目を向けると，画期となったのは1950年の社会保障制度審議会「社会保障制度に関する勧告」であり，そこでは「社会保障の中心をなすものは自らをしてそれに必要な経費を拠出せしめるところの社会保険制度でなければならない」と宣言されたのであった。この勧告を経て，1960年代以降，いわゆる国民皆保険・皆年金体制が実現するが，同勧告で中心的位置づけを与えられた社会保険制度の歴史的沿革をさらに遡ると，それは健康保険法（大正11年制定）を皮切りに，労働者年金保険法（昭和16年制定。昭和19年に厚生年金保険法へ，昭和29年に全面改正）など被用者保険制度を

---

1) なお，「非正規労働者」という概念はここでは，厚生労働省の「望ましい働き方ビジョン」報告書に依拠し，「有期契約労働者」・「短時間（パートタイム）労働者」・「派遣労働者」を指すことにする。
2) この間の問題状況については，宮本太郎『生活保障　排除しない社会へ』（岩波書店，2009年），角田邦重・山田省三『現代雇用法』（信山社，2007年）16頁，79頁以下参照。

シンポジウム（報告⑤）

　中心として構築されてきたことがわかる。それではそのような被用者保険にとって受給権者とされたのは誰であったか。例えば，大正11年当時の健康保険法には「被扶養者概念」は存在せず，現行法にしても，家族療養費の受給主体は原則的に被保険者であって，被扶養者はあくまで療養を事実上受けられるに過ぎないという規定ぶりである（健保110条1項）。すなわち，わが国の社会保障制度はこれまで，企業福祉を補完する形で被用者保険を中心に構築され，夫の所得で一家の生活を支えるという家族像をモデルにしてきたといっても過言ではないのである[3]。

　しかしながら，昨今の家族像の変容と非正規労働者の増加はこのような社会保障のモデルが通用しなくなってきたことを意味している。すなわち，かつてのような正社員の夫とその所得を補完するパートタイマーの妻というモデルは今日，独身であれ夫婦であれ，非正規の収入だけで生計を維持しなければならないというモデルにとって代わられようとしているのである。しかもかつての主婦パートと異なり，このような人々はパート，アルバイト，派遣といったいろいろな働き方をすることもあり得る。先の勧告は雇用政策について触れなかった点が欠点として指摘されているが[4]，このような現実と，いわゆる非正規労働者が全労働者の3分の1にも達するという状況に直面して，正社員を念頭において構築されてきた社会保障制度についても再考する必要が生じている感は否めない[5]。

　そこで本報告は，わが国の社会保障制度が企業による正社員への雇用保障を前提に，いわばそれを補完する形で設計されてきた被用者保険を基軸としてきたことで[6]，非正規労働者が社会保障のセーフティーネットから排除されている構造と実態に迫りつつ，その具体化した問題の1つとして，有期労働契約によ

3）　坂本重雄「高齢社会における社会保障法の基本理念―法理念の推移と制度の展開」同『社会保障の立法政策』（専修大学出版局，2001年）10頁以下。
4）　氏原正治郎「補論　社会保障制度審議会勧告の意義と批判」同『日本労働問題研究』（東京大学出版会，1966年）335頁。
5）　荒木誠之「社会保障の形成期―制度と法学の歩み」岩村正彦・菊池馨実編『社会保障法研究』創刊第1号（2011年）4頁以下は，労働法と社会保障法は関連性はあれども法理や構造については異質のものを持っており，「労働法と社会保障法の関係も，時代の趨勢を反映して変容を重ねることになろう」と指摘する。

る契約期間の「細切れ」化という現象について，「雇用」と「雇用」の間を埋める生活保障の方法を模索することにしたい。そしてこのような検討を踏まえつつ，非正規労働者の社会保障制度への統合という課題について検討していくことにする。

II 排除の構造

1 制度的排除——社会・労働保険の加入条件

非正規労働者の社会保障制度からの排除という問題について，まずは社会・労働保険制度の加入条件からみた制度的排除を取り上げる[7]。

労災保険法は，労働基準法上使用者に課された災害補償についての責任保険として，「労働者」であれば労働時間の長短や期間の有無とは無関係に適用されるのは当然であり，「労働者を使用する事業」を適用事業（3条）とするのみで，被保険者という概念を持たない。またいわゆる「非労働者化」現象にも対応すべく，一人親方などに任意加入の途を開く特別加入制度があるのも労災保険法の社会保障化との関係で1つの特徴といえよう。

これに対して雇用保険法は「適用事業に雇用される労働者」（4条1項）を被保険者とし，「労働者が雇用される事業」を適用事業とする（5条1項）。但し，「1週間の所定労働時間が20時間未満である者」（6条2号），「同一の事業主の適用事業に継続して31日以上雇用されることが見込まれない者」（3号），「季節的に雇用される者」（4号）等は適用除外である。ここから，週所定労働時間が20時間以上40時間未満の労働者についても，31日以上の雇用見込みがあれば適用除外とされることはない。また，高年齢継続被保険者（37条の2），短期雇用特例被保険者（38条），日雇労働被保険者（43条）という被保険者の類型もあるが，短期雇用特例被保険者のうち，1年未満の雇用に就くことを常態とす

---

6) 社会保障と雇用保障の関係性の把握について，例えばロベール・カステル（前川真行〔訳〕）『社会問題の変容　賃金労働の年代記』（ナカニシヤ出版，2012年）参照。

7) 脇田滋「雇用形態の多様化と社会保障」日本社会保障法学会編『新・講座社会保障法第3巻　ナショナルミニマムの再構築』（法律文化社，2012年）207頁以下，小西啓文「非正規労働者の社会・労働保険法の適用問題」週刊社会保障2697号（2012年）42頁参照。

る者については，季節的に雇用される者に該当し短期雇用特例被保険者となる場合を除き一般被保険者として適用され，日雇労働被保険者が同一の事業主に31日以上継続して雇用された場合は，原則として一般被保険者へ切替えられる。この雇用保険については，非正規労働者に対するセーフティーネット機能を高めることの要請が高まるなかで，今日，その適用拡大が進んでいることを指摘できよう[8]。

他方，健康保険法は「適用事業所に使用される者」と「任意継続被保険者」を被保険者とし，但し，臨時に使用される者であって日々雇い入れられる者・2月以内の期間を定めて使用される者，季節的業務に使用される者等は「日雇特例被保険者」となる場合を除き，適用除外（3条1項）とされる。

ここで「臨時に使用される者」が適用除外とされたのは，行政解釈によると，「健康保険を適用する必要がないためではなく，これらの者は事業所が一定していないために，被保険者の資格得喪，保険料の徴収，保険給付の実施等についての技術的困難性が極めて大きいからである」とされる[9]。

もっとも，「使用される」という概念について，裁判例には，法人代表者を「事業所に使用せられる者」に該当するとしたものがあり（広島高岡山支判昭38・9・23行集14巻9号1684頁），労働基準法上の労働者概念よりも広くとらえるのが社会保障法学では通説的な理解である[10]。

同様に厚生年金保険法は「適用事業所に使用される70歳未満の者」（9条）を被保険者とし，但し，臨時に使用される者であって日々雇い入れられる者・2月以内の期間を定めて使用される者，季節的業務に使用される者，臨時的事業の事業所に使用される者等は適用除外とされる（12条）。もっとも，日々雇い入れられるものについては1か月を超えて使用されるに至ったとき，2か月

---

8) 雇用保険法の2000年以降の改正について詳細は小西康之「雇用保険法等の一部改正」ジュリスト1410号（2010年）48頁参照。
9) 厚生省保険局保険課・社会保険庁健康保険課編『新版 健康保険法の解釈と運用』（社会保険法規研究会，1969年）240頁。なお川崎航史郎「パートタイマーに対する被保険者保険適用基準の差別的構造—1980年内翰の形成過程を通じた批判的検討」龍谷法學44巻2号（2011年）67頁も参照。
10) 例えば菊池馨実「非正規雇用と社会保障制度—公平・公正の視点を手がかりに」同『社会保障法制の将来構想』（有斐閣，2010年）76頁など参照。

以内の期間を定めて使用されるものについては所定の期間を超えて使用されるに至ったときは被保険者となる。この厚生年金保険についても臨時的に使用される者が適用除外とされたのは、使用関係に恒常性がなく、使用期間が短いため、老齢年金を受けるために長期の加入を必要とする厚年法の被保険者とすることは、必ずしもこれらの者の利益とはならないのがその理由という[11]。

　ここから、社会保険たる健康保険・厚生年金保険ともに、雇用形態の如何については法文上、健康保険法が日雇特例被保険者について規定し健康保険法と厚生年金保険法が2月以内の期間を定めて使用されるものについて規定しつつも、労働時間の長短は問わないということになるが、短時間就労者にかかる健康保険及び厚生年金保険の被保険者資格の取扱いにかかる内かん（昭和55年6月6日）で、常用的使用関係にあるか否かは、「1日又は1週の所定労働時間及び1月の所定労働日数が当該事業所において同種の業務に従事する通常の就労者の所定労働時間及び所定労働日数のおおむね4分の3以上である就労者については、原則として健康保険及び厚生年金保険の被保険者として取り扱うべきものであること」とされてきた。

　以上から、いわゆる国民皆保険・皆年金体制の下では、医療保険制度については、国民健康保険法5条が「住所」のある者をすべて同法の被保険者としてカバーした上で6条が被用者保険に加入する者や生活保護受給者を適用除外にすることでいわゆる国民皆保険が実現しているが、所定労働時間等が4分の3未満であれば健康保険の適用はされない取扱いであり、かつ年収が130万円未満の者で被用者の被扶養者は健保の被扶養者となり、130万円以上であれば国保の被保険者になる。国民健康保険法上、傷病手当金は任意給付であり（58条）、また世帯主が国民健康保険料（税）を滞納すると、被保険者のもつ被保険者証が返還させられ、これにかえて被保険者に「資格証明書」が付与されることにもなる（9条）。

---

[11] 有泉亨・中野徹雄編『厚生年金保険法〔全訂社会保障関係法1〕』（日本評論社、1982年）39頁。もっとも、「加入期間が通算されるようになった現在、このような理由にあまり根拠があるとは思えない」とする堀勝洋『年金保険法〔第2版〕』（法律文化社、2011年）155頁参照。

シンポジウム（報告⑤）

　他方，年金保険制度についても，所定労働時間等が4分の3未満であれば厚生年金保険の適用はなされず，かつ年収が130万円未満で被用者の配偶者であれば国民年金の第三号被保険者，130万円以上であれば第一号被保険者という取扱いがされてきた（昭和61年3月31日庁保発第13号通知）。

　この結果，雇用保険・健康保険・厚生年金保険について，正社員がほぼ100％近くの適用がなされているのに対し，非正規労働者は雇用保険が63％，健康保険が49.1％，厚生年金保険が47.1％という適用状況にあることが指摘されている。なかでも派遣労働者は他の非正規労働者に比べ適用状況が比較的よいが（雇用保険・77.1％，健康保険・69.9％，厚生年金保険・67.3％），パートタイム労働者の場合，雇用保険が56.4％，健康保険が36.3％，厚生年金保険が34.7％であり，臨時的労働者に至っては，雇用保険が28.7％，健康保険が24.7％，厚生年金保険が22.7％と極めて低い適用状況となっている。[12]

2　実質的排除――届出義務にかかる裁判例を参考として

　被保険者資格の得喪については，被保険者本人からの確認請求も可能ではあるが（例えば厚年法31条），事業主が行政庁に対しての届出義務を負うものであり（同27条），事業主が義務に反し届出を懈怠すると，被保険者資格が取得できないことも起こり得る。このような仕組みを悪用し，事業主が社会保険料の負担を回避したいと考えれば，あえて届出義務を履践せず，その結果，労働者が老後の年金の受給権を失うということになりかねない。

　このような問題状況について，社会保障法の学説は，これまでの裁判例を踏まえつつ，大別して届出義務は行政法上の義務ではあるが，不法行為法上の作為義務を構成するとする説，労働契約の付随義務であり，債務不履行を構成するとする説，届出を労働契約における本来的義務とする説などを唱えてきた。[13]

　ここで，いわゆる非正規労働者との関係で，参考裁判例を3つ引用したい。

---

12)　戸田典子「非正規雇用者の増加と社会保障」レファレンス平成19年2月号32頁の表3（雇用形態別，各種保険の適用）参照（なお，当該データは「平成15年　就業形態の多様化に関する総合実態調査報告」を基にする）。

13)　加藤智章「強制加入の手続と法的構造」西村健一郎・小嶌典明・加藤智章・柳屋孝安編『新時代の労働契約法理論　下井隆史先生古稀記念』（信山社，2003年）472頁以下参照。

1つ目は夜間・休日の業務に従事するものとして任用された非常勤嘱託員の事例たる京都市役所非常勤嘱託員事件（京都地判平11・9・30判時1715号51頁）である。本件で裁判所は，短時間労働者の多くはその労働によって生計を立てる者とは言えず，法の予定している「労働者」に該当しないものと考えられるから，内かんの取扱が違法とは言えないとしつつ[14]，厚年法27条は厚生年金の強制加入の原則を実現するための方策として，事業主に被保険者の資格の取得等の届出を義務づけたものだが，一定の事業所に使用される労働者に対し，その老齢，障害及び死亡について保険給付を受ける権利をもれなく付与することもその目的であるとして，被保険者資格の取得の届出義務違反行為は，当該労働者との関係でも違法であって，「被用者が厚生年金に加入する権利を侵害する結果とならないように注意すべき義務があ」るとした。

　もっとも，京都市のこの事案は，原告がすでに保険事故としての「老齢」をクリアーしていたという背景があった。この点，パートタイム従業員（判決時点で56歳）の退職の事例で在職中事業主が届出手続を執っていなかったという大真実業事件（大阪地判平18・1・26労判912号51頁）において，裁判所は届出義務に違反して資格の取得を届け出ないときは，その行為は違法性を有し，債務不履行ないし不法行為を構成するものというべきであるが「損害に関する証明はないといわざるを得ない」とした。

　いわゆる「消えた年金」問題の一環として，このような「消えた厚生年金」の事案は比較的多くあるが，それらには「損害額の算定」という壁が立ちはだかり，救済に至っていないのが現実である[15]。2007年12月に可決・成立した厚生年金保険の保険給付及び保険料の納付の特例等に関する法律も，救済の範囲を企業が保険料を控除した事実がありながら納付する義務を履行したことが明らかでない場合に限定しており，控除しなかった場合の救済は射程以外であるという点で限界があった[16]。

---

14) この点，内かんという手法により強制的社会保険制度の保険料納付義務にかかる認定基準を設定することについて疑問を呈する碓井光明「財政法学の観点からみた社会保険料と税制の関係」季刊社会保障研究42巻3号（2006年）257頁参照。

15) 近時の裁判例の傾向については木下秀雄「被用者保険における使用者の労働者に対する私法上の義務」賃金と社会保障1538号（2011年）4頁参照。

もっとも，二重派遣されたとされる労働者のうつ病り患の事例であるY工業事件（大阪高判平23・4・14賃社1538号17頁）において裁判所は「事業主は，労働契約に付随する信義則上の義務として，被保険者に対して，事業主としての証明をするなど傷病手当金の支給申請手続に協力すべき義務があるものと解されるところ，控訴人は……被控訴人から事業主としての証明を求められたにもかかわらず，これを放置していたのであるから，不法行為責任を免れない」として，損害につき放置したため時効消滅した傷病手当金全額，傷病手当金の支給を受けられなかった精神的慰謝として30万円，適正な申告によらずに少額の傷病手当金や老齢厚生年金しか支給を受けとれなくなることの精神的苦痛の慰謝として20万円を相当としたことは注目に値しよう。

　というのも本判決は，社会保険から「実質的」に排除されてしまう非正規労働者について，事業主が放置しなければ支給されたはずの傷病手当金相当額の支払いを裁判所が事業主に求めた点で画期的だったからである。そしてこのような事件が起きた背景に，社会保険制度の複雑性とそれに精通した専門家の不足という事態を指摘できよう。[18]

　この点，社会保険の母国であるドイツでは，連邦社会裁判所の判例の中で「社会法上の回復請求権」というものが認められてきたことが参考になるように思われる。この請求権は，当事者に対し，給付提供者によって誤った，不完全な又はなされなかった助言を後から正し，当事者が，もし相談において行政の誤りによって（否定的に）影響を及ぼされなかったら立っていたであろうよ

---

16) 岩村正彦「公的年金給付をめぐる法的諸問題」日本社会保障法学会編『新・講座社会保障法　第1巻　これからの医療と年金』（法律文化社，2012年）236頁参照。

17) 城塚健之「社会保険料算定の基礎となる標準報酬月額の過少申請が不法行為とされた事案」賃金と社会保障1538号（2011年）8頁。

18) 城塚・前掲注17)11頁には，会社側の主張として，会社が原告の報酬額を過少に申告したのは，社会保険料の滞納を解消するために社会保険事務所に相談した上でのことであったという記載がある。なお，本件控訴審判決によると，申告書がY工業から社会保険事務所に提出されないことから，原告が訴訟代理人に相談して，平成20年7月25日，代理人からY工業に対し，申告書を速やかに社会保険事務所に提出するよう求める内容証明郵便を送付したということであるが，直截に，社会保険事務所に対して確認し時効の中断を図ることが望まれる事案ではなかったかとも考えられる。この点，清水泰幸「判批」季刊社会保障研究48巻2号（2012年）228頁参照。

うに立たせるという可能性を開くものである。そしてドイツにおいてこのような請求権が判例法理上認められてきたことに鑑みれば（但し、ドイツにおいては保険者に対する請求権という構成である）、わが国でも今後、本件を契機にこのような「回復請求権」の議論がなされるようになることが期待されよう。[19]

3 小　括

　ここで、以上の議論を整理すると[20]、社会保険の適用にかかわる問題については内かんの影響が実際上極めて強く（京都市役所非常勤嘱託員事件、大真実業事件）、短時間労働者の問題がまずベースにあって、「有期」か「無期」かという雇用期間の問題がクローズアップされるケースはこれまでさほど多くなかったといえよう。この点は、これまでの3報告の共通認識とは異なる社会保険法の独自の論理ということになる。

　有期契約労働者はそのうえで、契約期間が「細切れ」になることが問題になり得る。このことから、「雇用」と「雇用」の間を埋める生活保障の方法を模索することが課題として挙げられるが、この点は例えば、諸外国の制度を範として、不安定雇用手当や雇止めに対する金銭補償制度の議論がなされているところである。[21] もっとも、いわゆる国民皆保険・皆年金体制を敷くわが国においては、「保険の利益」から完全に漏れる事態というのは（生活保護の受給時などを除けば）さほど想定されないが、とはいえ被用者保険から地域保険への転換に関係する問題として、国民年金第三号被保険者期間の記録不整合問題のような事態もあることを指摘しておく必要があろう。[22]

---

19) ドイツにおける社会法上の回復請求権にかかる判例法理については、前田雅子「ドイツ社会保障行政における『援助』に関する一考察（一）」法学論叢129巻4号（1991年）84頁、同（二）同130巻2号（1991年）84頁参照。またその後の回復請求権の議論の進展については、村上武則「ドイツにおける社会法上の回復請求権に関する覚え書き」近畿大学法科大学院論集5号（2009年）29頁、小西啓文「ドイツ介護保険法における権利擁護システムの展開──介護相談員を例として」法学新報119巻5・6号（2012年）707頁参照。
20) 非正規労働者と社会保障制度との関係にかかる社会保障法学における代表的な見解として、菊池・前掲注10)63頁、倉田聡「雇用の流動化と被用者保険」同『社会保険の構造分析　社会保険における「連帯」のかたち』（北海道大学出版会、2009年）105頁も参照。
21) 濱口桂一郎「有期労働契約と雇止めの金銭補償」季刊労働法210号（2005年）207頁など参照。

シンポジウム（報告⑤）

　派遣労働者は，以上の2つの類型の問題点に加えて更に間接雇用であることが問題となり得る。この点で労働者を「使用」している派遣先のユーザー責任が問題になろうが，保険者の方でも独自に，後述する登録型派遣では人材派遣健康保険組合が健康保険の任意継続制度を活用するという取組みがなされていることは参考に値しよう。[23]

Ⅲ　非正規労働者の社会保障制度への「統合」

1　社会保障・税の一体改革について

　以上，非正規労働者が被用者保険から「排除」される制度的・実質的な分析をしてきたが，現行の仕組みがその賃金のみにより生活する非正規労働者の増加した今日的状況に適合しなくなってきていることはいうまでもない。そして彼らが（「非正規」といわれようとも）自らの労働によって自己の生活を支えなくてはならない「労働者」であることに変わりはなく，そのような労働者の生活をカバーするような社会保障の今日的在り方が検証されなければならない。それでは，2012年8月の第180回国会で成立し，8月22日に公布された社会保障・税の一体改革の一環としての「公的年金制度の財政基盤及び最低保障機能の強化等のための国民年金法等の一部を改正する法律」はこのような今日的状況にどこまで肉薄し，今日的在り方を提起できたであろうか。

　ところで，同年2月に出された社会保障・税一体改革の大綱は「貧困・格差対策の強化（重層的セーフティネットの構築）」，「多様な働き方を支える社会保障制度（年金・医療）へ」，「全員参加型社会，ディーセント・ワークの実現」などをスローガンとし，厚生年金適用事業所で使用される短時間労働者について

---

22)　この問題については，社会保障・税番号（マイナンバー）制度とセットでの議論も必要になろうが，同制度の登場を「国民管理社会の実現」として懸念する見解（江口隆裕「社会保障・税番号制度の再考を」週刊社会保障2638号（2011年）36頁）もあり，今後の動向を注視する必要があろう。

23)　人材派遣健康保険組合は平成14年5月1日に全国の派遣事業者で使用される労働者を対象として設立され，発足当初10万5000人だった組合員は平成16年4月には17万人を超えるなどわが国でも有数の大規模健保組合とされる。この点，倉田・前掲注20) 122頁参照。

「働き方に中立的な制度を目指し，かつ，現在国民年金に加入している非正規雇用者の将来の年金権を確立するため」，厚生年金の適用を拡大するとした[24]。

そして，大綱は「厚生年金の適用対象となる者の具体的範囲，短時間労働者が多く就業する企業への影響に対する配慮等の具体的制度設計について」は「適用拡大が労働者に与える効果や雇用への影響にも留意し」て検討するとしたが，今般の法改正により，平成28年10月から，①週20時間以上，②月額賃金8.8万円以上（年収106万円以上），③勤務期間1年以上，④学生は適用除外，⑤従業員501人以上の適用事業所という条件とされた。

2　評価と論点ごとの検討

これまで，「使用」を「常用的使用」と解釈する先の内かんの強い影響もあり，先述のように健康保険や厚生年金保険が適用される非正規労働者は限られてきた。またこの間，派遣会社が派遣労働者に「社会保険加入で時給が低いコース」と「社会保険加入なしで時給が高いコース」を選択させるという，まったく法を無視した運用をしてきたことが批判されてもいる[25]。約1400万人いるといわれる短時間労働者のうち，週所定労働時間が20〜30時間の者は約400万人といわれ[26]，これらの者へ適用拡大が進むことは望ましいのはいうまでもないだろう。試算によると，国民年金の第一号被保険者である者が厚生年金保険に加入すると，1年間で保険料が約8万4千円減となり，1年間加入した場合の生涯の給付の変化は年間約17万3千円増ということであって[27]，「生活保障」という観点からはかなりの改善といえよう。

各論点については，審議会で「主な意見」が付されていた。例えば，②の月額賃金については，「厚生年金の標準報酬月額の下限を引き下げると国民年金

---

24) このような流れは2007年の被用者年金制度一元化法案からすでにあった。なお，堀勝洋「第3号被保険者制度の論点と将来展望」週刊社会保障2664号（2012年）51頁，江口隆裕「短時間労働者適用拡大の疑問」週刊社会保障2678号（2012年）36頁も参照。
25) 脇田・前掲注7）216頁。
26) 「短時間労働者への社会保険適用等に関する特別部会（第13回）説明資料」（平成24年3月19日）資料5頁。
27) 前掲・「短時間労働者への社会保険適用等に関する特別部会」資料39頁。

より低い保険料でより多くの給付を支給することになり，不公平ではないか」といったものである。[28]

　ところでここで１つ懸念されるのは，③で「勤務期間」という視点が加えられている点である。「意見」としては「適用基準を考える際には，労働者としての企業や社会に対する貢献度を考慮すべきであり，その観点から，労働時間と雇用期間は基準に用いることが適当ではないか」というものがある。[29]

　社会保険が「保険」である以上，保険料の拠出などの「貢献」[30]が問われるのはやむを得ないことである。しかし，今般の労働契約法の改正により，有期労働契約から無期労働契約へ転換できる仕組みが導入されたのに対して，社会保険については雇用期間という基準が「企業」への「貢献度」を図る指標として導入されるに至ったことをどのように評価すべきであろうか。雇用保険法しかり，雇用期間的な発想を乗り越えようとしようとしてきた社会・労働保険の展開を踏まえても疑問は残るし，非正規労働者の増加を前にして，雇用保障政策と社会保障政策の対応は調和がとれているとはいえないように思われる。

　他方で，これまで国民年金の第三号被保険者であった短時間労働者や彼らを雇用してきた企業などからの批判も予想されよう。企業にとって，法定外福利費の2.9倍にあたる法定福利費が70年後半以降一貫して増加する中で採用された[31]⑤従業員501人以上の適用事業所という基準であろうが，このような非正規労働者（とりわけ短時間労働者）が多いのはスーパーなどの小売業であることを考えるとき，改革の意図を没却させる施策であるとの批判は免れないだろう。[32]

---

28)　前掲・「短時間労働者への社会保険適用等に関する特別部会」資料17頁。この点，短時間労働者の過大な保険料負担を回避するためには標準報酬の下限を下げなければならないが，そのことにより，国民年金の第一号被保険者よりも遥かに低い保険料で第一号被保険者より高い給付を受けることができるようになるという「逆転現象」を指摘する島崎謙治『日本の医療　制度と政策』（東京大学出版会，2011年）225頁参照。
29)　前掲・「短時間労働者への社会保険適用等に関する特別部会」資料15頁。
30)　菊池馨実「社会保障法制の将来構想」同『社会保障法制の将来構想』（有斐閣，2010年）20頁。
31)　山之内敏隆「『短時間労働者への厚生年金・健康保険の適用拡大』の含意―日本的雇用慣行へのインパクト」週刊社会保障2681号（2012年）50頁以下。
32)　このような要件により，対象者は約25～45万人にまで減少してしまうことになるとも試算されている。

また「意見」のなかには「社会保険の適用拡大により，被用者である第3号被保険者の数は相当程度縮減することが見込まれる。その上で，第3号被保険者制度の在り方については別途検討を行うべき」というものがあり，厚生労働省は国民年金の第三号被保険者問題について夫婦の納めた保険料を合算して二分したものを，それぞれの納付保険料とする二分二乗方式を提唱してもいるが，「働き方に中立な制度」設計を目標とする以上，女性の就業を阻害しているという批判が絶えない第三号被保険者制度はその歴史的使命を終えたと考えるのが自然ではないか。今般の法改正で産前・産後休業中の厚生年金保険の保険料免除が実現したが，今後，育児のみならず介護休業期間の保険料免除の方法を模索するというのも改革の方向性として検討に値しよう。

3　雇用保障との連関の課題

　ところでドイツでは，いわゆるハルツⅡ改革において，月収400ユーロ以下の賃金の者を対象とした「ミニ・ジョブ」については保険加入義務は免除されるが，保険料は賃金の30％に相当する使用者分のみかかり，本人が年金受給権を獲得するためには免除を放棄して保険料を負担することで後に年金が受けられるという仕組みが，そして月収400ユーロを超え800ユーロまでの者を対象とした「ミディ・ジョブ」については使用者の保険料負担は通常どおりで，労働者の保険料は所得累進的に負担するという仕組みが採用されている。

　このようないわゆる僅少労働者を社会保険の連帯の輪に加える途を開いたということについては肯定的な評価も可能だろうが，これらの制度が導入された背景には，労働市場改革があるといわれている。すなわち，国が使用者の保険料負担を極力上昇させずに，「僅少労働」の市場を作り上げたという雇用対策の側面が強いと考えられているのである。

---

33)　前掲・「短時間労働者への社会保険適用等に関する特別部会」資料22頁。
34)　例えば，江口隆裕「第3号被保険者のあり方」週刊社会保障2657号（2011年）36頁参照。
35)　西村淳「非正規雇用労働者の年金加入をめぐる問題―国際比較の視点から」海外社会保障研究158号（2007年）30頁以下，名古道功「労働者の生活保障システムの変化―ドイツにおける低賃金労働・ワーキングプア」社会保障法24号（2009年）141頁，戸田典子「パート労働者への厚生年金の適用問題」レファレンス平成19年12月号39頁以下参照。

しかし，この結果，将来において僅かな年金しか受け取れない労働者が増えたことは否めず，ドイツにおいては最低賃金法制の整備とともに協約自治を強めるような改革が必要であると指摘されている[36]。

さらにドイツではハルツⅣ改革により，社会法典第2編において，就労可能で扶助を必要としている者に対する給付として，「失業手当Ⅱ」と呼ばれる失業扶助と社会扶助を統合した制度へと再編された[37]。この失業手当Ⅱを受給する者について疾病保険等の被保険者資格が付与された点が，本稿にとっては重要であろう[38]。

わが国では「すべての失業者がカバーされていないこと，家族の扶養状況など失業者の生活実態が考慮されないこと，失業状態が継続していても所定日数が経過すれば給付が打ち切られる可能性があること」が「雇用保険の弱点」として指摘されてきており[39]，そのような弱点を克服すべく，職業訓練等の実施等による特定求職者の就職の支援に関する法律に基づき各種の求職者支援制度が用意されてもいるが，今後，失業者の生活保障制度はドイツ法に倣い，生活保護制度の改正とリンクした形で議論すべきことになろう[40]。

4 具体的な解決策のあり方

(1) 被保険者という「地位」のもつ意義について

現行の国民皆保険・皆年金体制を与件とした場合，例えば非正規労働者が国

---

36) 本稿では2012年9月に開催された日独労働法協会国際シンポジウム『日独における市民法と労働法』に収載されたWaltermann, Bürgerliches Recht und Arbeitsrecht aus dem Blickwinkel der individuellen Arbeitsbeziehungen を参考としたが，Waltermannはこのテーマにつき2010年にベルリンで開催された第68回ドイツ法曹大会にGutachten ("Abschied vom Normalarbeitsverhältnis ?")を提出している。
37) 詳細はブリジッテ・シュテック／ミカエル・コッセンス編著（田畑洋一監訳）『ドイツの求職者基礎保障　ハルツⅣによる制度の仕組みと運用』（学文社，2009年）参照。
38) 上田真理「求職者に対する基礎保障と最低生活保障の交錯—ハルツ4法と被用者保険の課題」社会保障法24号（2009年）127頁。
39) 水島郁子「長期失業・貧困と社会保険」菊池馨実編『社会保険の法原理』（法律文化社，2012年）218頁。
40) 野川忍「雇用保険と求職者支援制度の課題と展望」同『労働法原理の再構成』（成文堂，2012年）249頁参照。

民年金や国民健康保険の適用になる現実や,生活保護の受給者になる現実を自己決定の結果としてよいか,と問われれば,生活自己責任原則を修正しようとしたのが社会保険であり,公平の理念の下,被用者保険への加入拡大という連帯的対応が望ましいものと考えられる。先に「社会法上の回復請求権」について言及したが,被保険者としての「地位」が認められるがゆえの議論であって,そのように重要な「地位」をはく奪する根拠が「内かん」という規範性に乏しいものであったこと自体,強く批判されなければならないだろう。この点,「法」改正で週20時間以上にしたのは——どこまで適用を認めるべきかという問題はなお残るが——被用者保険への適用拡大を図るという意味では半歩前進といえよう。

(2) 現行制度の「運用」と「活用」

そこで冒頭であげた「有期」と「細切れ」の問題であるが,現行のしくみでどこまで対応できるであろうか。

まず健康保険であるが,健康保険法の裁判例では,労働基準法上の労働者とはいえない取締役を「使用」されているものととらえるなど,「使用」の概念を広く理解するものがあった。そのような理解を前提に,実際にこのような細切れの問題が表面化する登録型派遣を例に検討してみたい。

先に紹介したように,健康保険法は2月以内の期間を定めて使用される者は適用除外になり,その間は日雇特例被保険者になれるにとどまる。もちろん,契約期間が断続的で,空白の期間が生じたら,その間は国民健康保険が適用ということになる。しかし,国保の場合,すべて保険料は本人負担で,一般に収入のおよそ1割の保険料がかかるともいわれ,滞納というリスクまで抱えることになる。そこで人材派遣健康保険組合が2つの考え方を用いていることは参考に値しよう。

---

41) 厚労省の平成22年公的年金加入状況等調査結果によると,35～39歳の「非加入者」は24.3万人で,年齢階級別の人口に占める割合が2.4%と最も高いのは示唆的である(週刊社会保障2678号(2012年)15頁)。

42) 堀・前掲注11)157頁以下。清水・前掲注18)232頁は,Y工業事件で裁判所が「被保険者としての地位」自体を保護法益としているものと指摘する。

43) 例えば,朝日新聞2011年9月17日朝刊29頁[大阪]参照。

ひとつは「使用関係の継続」である。具体的には，①登録型派遣労働者であり，②同一の派遣元事業主のもとで引き続き就業し，③（最初の）契約終了時につぎの派遣先（1か月以上の契約）が見込まれ，④つぎの派遣先での雇用契約が1か月以内に開始されることを条件に被保険者資格を喪失しないという「運用」（2002年4月24日付け保保発第0424001号）である。

もうひとつは任意継続被保険者制度の「活用」である。

任意継続被保険者制度は，「解雇等によりその資格を喪失した被保険者が，更に他の事業に雇用されること等により……被保険者になるまでの期間，一旦傷病が発生すれば，その生活は困窮に陥ることもあろうことを予想し，この期間暫定的に被保険者となる途を開き，これにより，その生活を保護するため」のものと説明される。[44] これを利用する条件として，任意継続被保険者となるためのルールである「2か月以上」人材派遣健康保険組合の被保険者であることが必要となる。もっとも，任継制度は保険料全額本人負担であり（平成24年度の上限2万400円），本人の負担は通常の被保険者に比して重いものである。今後，派遣元（さらに可能であれば派遣労働者を「使用している」派遣先）にも応分の負担を求めていくというのが，使用者が負うべき社会的責任からして望まれるのではないか。[45]

ここで提示した試案は「使用」されている労働者は被用者保険に極力吸収するということを含意している。[46] このような試案を提起するのは，任意継続被保険者の制度趣旨が的確にとらえているように，「被保険者になるまでの期間，一旦傷病が発生すれば，その生活は困窮に陥る」おそれがあるからであり，そのような立場にある有期契約労働者に対しても同様の生活保障が必要と考える

---

44) 厚生省保険局保険課・社会保険庁健康保険課編・前掲注9) 279頁。

45) 人材派遣健康保険組合の取組みについては倉田・前掲注20) 122頁以下参照。なお，臨時的名目によって使用されていたとしても使用関係の実態が常用的であれば，名目の如何にかかわらず強制被保険者となる（厚生省保険局保険課・社会保険庁健康保険課編・前掲注9) 240頁）。

46) 倉田は別稿で「被用者保険の廃止が社会保障法の問題も，労働市場法の問題も，一挙に解決する案ということができる」ともいう（同「短期・断続的雇用者の労働保険・社会保険」日本労働法学会編『講座21世紀の労働法　第2巻　労働市場の機構とルール』（有斐閣，2000年）281頁）。

ものである。それでは以上のような短期保険たる健康保険とは異なり，長期保険たる厚生年金保険の場合はどうであろうか。

ここでも2月以内の雇用期間ということだと，厚生年金保険法には日雇特例被保険者制度も任意継続被保険者制度もなく，基本的には国民年金に加入するに限られる。この違いは，長期保険たる年金制度には保険料負担という「貢献」がより一層求められてくるからとも思われる。しかしながら登録型派遣の場合は健康保険と同様「使用関係の継続」が認められる場合には被保険者資格を失わないという運用がなされており，また有期（臨時的）雇用一般の場合にも，（同一の）事業主が，期間が1か月又は2か月を超える前に解雇し，数日後に再び使用するという形で厚年法の適用を回避しようとする場合，社会通念上使用関係が連続していると扱われる。[47]他方で異なった事業主間であっても「加入期間の通算」は可能であり，現行厚生年金保険法では，被保険者期間を有する65歳以上の者で，国民年金法の保険料納付済期間と保険料免除期間を合算した期間が25年（今般の法改正で10年へ短縮された）以上あれば老齢厚生年金の受給権者になれることからして，極論すれば，厚生年金保険の加入期間は1か月でもよく（厚年42条参照），先のように新たな期間概念を導入することは釈然としない。

(3) 「消えた厚生年金」との関係——比較法からの示唆

それでは，先ほど「消えた厚生年金」問題における救済の限界について指摘したが，このような僅少な年金受給権が使用者が保険料を納付していなかったために消失してしまったとしたら，どのような対応が可能であろうか。例えば，公費で補てんすることにより救済を図るという方法もあり得るであろうか。

ところでドイツには，社会保険料を通じて行われる社会的調整は無制約に許されるものではなく，例えば同じ給付を保障し，その一方で保険料を負担能力に応じて徴収することは基本法3条1項の平等原則に適合するが，保険集団の外側にいる者に及ぶ社会的調整（例として「国民」という資格ですべての者に保障されるべき家族給付）は「社会保険外在的」であるから「社会保険」ではなく，

---

47) 堀・前掲注11)155頁以下，有泉・前掲注11)39頁。

シンポジウム（報告⑤）

すべての国民を対象とした税財源に基づきなされなければならないとする「外在的負担」に関する議論の蓄積がある[48]。このような議論を前提とすると,「消えた厚生年金」問題で公費を投入することが正当化できるかは微妙かもしれないし, 保険者が（場合によっては被保険者本人からの追納分も含めた）保険料財源を旨として対応しなければならないかもしれないが, 社会・労働保険の適用拡大でも対処できないような問題について, 国が（例えばドイツの失業手当Ⅱやフランスの不安定雇用手当のように）連帯を下支えするというように[49], できる限り国のパターナリスティックな関与を排除しつつ――今日, 非正規労働者を一様に「社会的弱者」といった固定的なイメージで捉えるのは困難であろう――被保険者の自治を維持・強化するのが望ましい方向性なのではないか[50]。今後,「雇用」と「雇用」の間の生活保障手段として, 給付に際して条件を付けないベーシック・インカム論[51]の存在意義が高まることも予想されるが, 誰でもない,その人の被保険者としての「地位」を重んじ, その連帯的対応を是とする立場からすれば, 給付に際しなんらの条件も付さないような議論についてはなお将来的な検討課題にとどまるものと思われる。

Ⅳ　むすびにかえて

筆者のような被用者保険の意義を強調する見解については, 事業主の費用負

---

48) ドイツの保険外在性の議論については, 倉田聡「法概念としての『社会保険』」・前掲注20)書76頁以下参照。
49) なお, 2000年にかけて, ドイツでは, 自己決定・自己責任・保障が相互に調和された新たな枠組みづくりのために, 連帯の前提としての, ギブアンドテイクを正確にはかる公正な調整保障人としての国家（能力を付与し, 活動的な社会国家）が必要との議論があった (Bodo Hombach, Die Balance von Rechten und Pflichten sichern — Der aktivierende Sozialstaat-das neue Leitbild, Soziale Sicherheit, Februar 1999, Heft 2, S. 41ff)。
50) 前掲・注6)で紹介したカステルの言葉を踏まえ, 生きるためには仕事をするしかない人々を社会保障制度の枠組みの中に囲い込み, さらに仕事に就け, ついで社会全体にまで統合させ, 彼らが「その社会の構成員として尊重されているという感情」をもてることが重要と指摘するメラニー・ウルス（関口涼子訳）「日本における非正規雇用者問題―健康, 非正規雇用, 社会保障」大原社会問題研究所雑誌613号（2009年）26頁以下も参照。
51) 秋元美世「ベーシック・インカム構想の法的検討」日本社会保障法学会編『新・講座社会保障法 第3巻　ナショナルミニマムの再構築』（法律文化社, 2012年）123頁参照。

担など解決しなければならない課題は山積していよう。しかし，事業主による保険料の負担は，労働者の生活自己責任原則を修正しようとした社会保険にとって本質的要素である「社会的扶養」の一環なのであって，その回避を認めることはできないというべきであろう。他方，被用者保険を中心とした制度設計を提唱する以上，賃金水準が低ければ将来の年金額が低いままとなってしまうことにもつながりかねない。社会政策の議論の中には「就業時の『最低生活』を確保するのに十分な賃金水準が成立しえないところでは，"生存権"保障の名に値する内実を備えた真の社会保障を実現することは不可能である」という見解[53]があるが，今後，最低賃金の底上げを図りつつ，賃金水準を高めるような労働運動の高まりに，社会保障法を専攻する者として大いに期待したいし，そのためには労働契約の「無期」原則が必須であるということであれば，そのような考え方を擁護すべきであると考えている。

　　［付記］本報告に関連して，学習院大学経済学部の脇坂明教授より，現行のパートタイム労働者の社会保険への加入資格の判断基準が，根拠のあいまいな「内かん」で決められている点への疑問と，生活自己責任原則で解決できない問題について，ベーシック・インカム論でのアプローチより，社会保険（被用者保険）への加入勧誘という連帯的アプローチでの対処が望ましいのではないか，という指摘が寄せられた。

（こにし　ひろふみ）

---

52) 今回の改正で年金500億円，医療300億円の合計800億円が事業主負担としてかかるという。前掲・「短時間労働者への社会保険適用等に関する特別部会」資料5頁参照。
53) 工藤恒夫『資本制社会保障の一般理論』（新日本出版社，2003年）109頁。

《シンポジウムの記録》
有期労働をめぐる法理論的課題

1 有期契約労働者・派遣労働者の法政策

● 有期契約労働者・派遣労働者の声の反映

青野覚（司会＝明治大学） シンポジウムの質疑応答を開始します。

只今いただいている質問用紙の質問について，先に質疑応答をします。第一報告の有田（謙司）会員について，3名の会員から質問が来ております。

脇田会員から，まず一点目の質問です。「有田報告では，ILOのディーセント・ワークの構成要素の『④社会対話の促進』や『憲法第28条』の重要性をもっと強調すべきではないでしょうか。有期・派遣と集団的労働関係の関連は，この問題にとって本質ではないでしょうか」。

二点目は，「有田報告のディーセント・ワークの保障には賛成です。特に，三六協定での締結法を派遣先事業場単位とすべきではないでしょうか」という質問です。脇田会員，これでよろしいでしょうか。

脇田滋（龍谷大学） 一つは，有期労働がテーマですが，派遣労働も対象になると思います。契約の問題に関心が集中していますが，私は日本の有期労働や派遣労働の一番の問題は，労働者が集団的労働関係から排除されている点だと思います。

ヨーロッパでは，労働組合は産業別で，一応，全体の労働者を代表することを建前にしており，しかも，全国協約を拡張適用します。イタリアやフランスではストライキ権は個人の権利なので，非正規労働者も，組合の呼びかけたストライキに参加します。ヨーロッパでは，非正規労働者も集団行動に参加することを重視した法制になっています。

有田会員の報告で，ディーセント・ワークの四要素が挙げられていて，その4番目が「社会対話の促進」で，「団結の自由と有無」も挙げられています。ディーセント・ワークで問題を捉えることには私も賛成です。そうであれば，有期労働者や派遣労働者の集団的な労働関係の問題や，日本では「憲法第28条」の問題を強調すべきではないかというのが第一点です。

二点目は，具体的な問題ですが，派遣労働の場合，三六協定を派遣元で結ぶことになっています。しかし，派遣元は非常に零細な事業所が多く，また，あちこちの派遣先に散らばっている派遣労働者が一堂に会して，三六協定の当事者である代表者を自主的に選出する，これを派遣元でするのは現実的にはあり得ず，明らかにフィクションだと思います。派遣労働者が代表者を実質的に選出できるようにする必要があります。有田報告にあったヴォイス・アット・

ワークは，具体的にそうした内容として考えられるのでしょうか。

有田謙司（西南学院大学） 質問していただいて，ありがとうございます。質問の趣旨は，十分に理解したつもりです。

確かにILOが言っている四つ目の「社会的対話」は，例えば，政策を立案する際に，その立場にない人が，それに関与できるとか，協議の場や話し合いの場に立ち会えるとか関与できるということも，当然，中身に入っているので，言われることは，もっともだと思います。私のレジュメにも書いてありますし，報告でも述べたように，基本的に「憲法第28条」の広義の団結権が，当然，大前提になっていると理解しています。

そのうえで，報告の中で述べたのは，日本の場合，現実に産別の組織というかたちがなかなか一般的ではないこと等を前提にするならば，例えば，先ほどの報告で触れたような，派遣元責任者や派遣先責任者による苦情処理だけではだめであろうということで，最近，特にアングロサクソン系なのかもしれませんが，ヴォイス・アット・ワークの議論が高まっているのを見ながら考えました。

そういうことで言うと，これまで日本で当然認められている団結権プラス・アルファが，なにがしか必要ではないか，とりわけ，派遣の場合には，そういった付加的なものを考えるべきではないか，という趣旨で話しました。

三六協定の問題は，確かに，どこに行くかわからないということで，当然，包括的にあらゆる場面を想定して，例えば，時間外労働の事由についても，現実的には，おおよそ何でも対応できるものでしか三六協定が締結できないという問題があるのは，おっしゃるとおりであろうかと思います。

三六協定がなかなか難しいのは，事業所単位としてというところです。確かに，派遣先が派遣労働者の労働時間について責任を負っているわけですから，派遣先でという理屈も一理あるとは思います。しかし，そこで全体として，そこの事業所で就労している労働者の過半数組合または多数代表者と締結しても，派遣労働者に固有のものが，そこできちんと扱えるようになるかどうかは不確かです。そういう意味では，現行の労基法の規定を前提にするならば，基本的に困難を抱えざるを得ない問題ではないかと思います。

ですから，派遣労働関係に特有の三六協定の有りようも，立法的な手立てという意味では，個別に必要だと考えるべきではないかと思います。以上です。

青野（司会） よろしいですか。

脇田（龍谷大学） 有期労働者や派遣労働者の組織率はゼロに近いと思います。解雇や雇止めがあって初めて駆け込みでユニオンに加盟するというのが現実です。パートの場合は日常的な組合加入があるかもしれませんが，フルタイム非正規の場合には本当に少ないです。そういう中で，派遣労働や有期労働自体が労働者分断であり，団結しにくい雇用形態だという捉え方が重要であると思います。戦後すぐ，「労政行政」ということで，労働組合の組織化助成

を位置付けていました。非正規労働者の団結についても，何らか政策的な助成措置を考える必要があるのだと思います。

三六協定ですが，現在でも労安法で，安全衛生委員会については派遣先事業場を単位にして，派遣労働者もカウントすることになっています。三六協定についても，派遣労働者が，そこでほとんどの労働生活を過ごす派遣先事業場で協定を結ぶとするのが当然だと思います。

有田（西南学院大学）　わかりました。論文を書く際には考えたいと思います。

● 業務単位の考え方と労働者単位の考え方

青野（司会）　有田会員に2番目の質問です。弁護士の安西（愈）会員から，「有期労働契約と派遣労働を同一の線上で捉えようという考え方については賛成であるが，問題となるのは，現在の派遣労働は役務の提供と捉えられ，同一場所，同一業務に着目して派遣可能期間が定められ，人に着目してはならず，労働者については誰でもよいという，単に労働力だけで捉えられている点である。この点について，業務ではなく，人との契約として，具体的に派遣労働者について個別的な派遣可能期間を打ち出すべき法改正を（日本）人材派遣協会では考えているが，この点についてどうお考えか」という質問です。安西先生，何か。

安西愈（弁護士）　有期労働契約と派遣労働を同一線上で捉える考え方には賛成ですが，一番問題になっているのは，現在の派遣契約が役務の提供契約になっているということです。そして，肝心の派遣可能期間は，同一場所の同一業務ということになっていて，派遣される人は誰でもいいと。ですから，今は，派遣社員について「この人」を派遣して下さいという特定が禁止されています。

だから，今，脇田先生からあったような三六協定であろうと，あるいは団結権の問題一つをとっても，役務の提供契約となっています。そして，それが「同一場所，同一業務」単位だということに慣れてしまっています。

それについて，これでは労働者供給と同じではないかと。そうではなくて，やはり労働契約法と一体でつなぐなら，派遣期間も労働者個人ごとの期間で捉えるべきです。同一場所の同一業務で，人が代わっても全体で派遣期間3年の勤務だとみなし雇用により，3年をオーバーして直雇用になるのは，たまたまその時の派遣社員だという不合理なところがあります。

ですから，ここを何とか変えるべきではないか。有田報告の中では，今の有期労働者と派遣スタッフとの関係について，派遣契約の役務提供制という問題が抜けているのではないか。

むしろ，その点に着目した契約概念に変えるということで，先ほど言ったように，人材派遣協会は，3年後の法改正をにらんだ動きとして「同一労働者」に着目して3年という運動をしています。そういう点について，有田先生の考えをお伺いできればということです。

有田（西南学院大学）　質問用紙には，

人としての契約をする限りは，派遣労働者を特定することが禁止されているのは問題だという趣旨で書かれているようですが，それでよろしいでしょうか。

安西（弁護士） ええ，それが一つの例です。あとは，役務の提供と労働契約は，やはり違うのではないかと。人に着目するのではなくて，業務に着目するという，日本では従来にないような概念を派遣は入れているわけです。それで，いろいろな混乱が起こって，この解釈問題についても大変苦労しなくてはいけないという問題があるのではないかということです。

有田（西南学院大学） なかなか難しい問題だと思いますけれども，ただ，特定の問題に関しては，労働契約の締結という点から見たときに，派遣先が特定行為をするということは，まさに採用の意思を示した行為です。そうすると，例えば，派遣先との間の無期労働契約の成立にもつながっていきます。

安西（弁護士） その特定の問題は一つの例であって，派遣契約そのものの捉え方をもっと変えていくべきではないかという基本的な考えについてお尋ねしているということです。

有田（西南学院大学） そうすると，「特定行為は今のままでもいい。しかしながら，業務にかかわって，例えば，期間の制限を見ていくときに，これは，派遣された人との関係で見ていくべきだ」ということですか。

安西（弁護士） そういうことです。派遣先は，派遣労働者を人として扱うべきではないか。そういうことになってくると，派遣元にどこまで責任を負わすのか，派遣先にどこまで責任を負わすのかという問題はありますけれども，派遣先でも受け入れるとすれば，派遣先と派遣労働者の関係をもっと密にすべきではないか。そうすると，こういう問題，労働契約法に基づく無期転換権その他も，派遣先の責任ということで振られていくことができるのではないか。そういう基本的な考え方についてということです。

有田（西南学院大学） なかなか難しい問題なので，今，この場で的確に答えられるかどうか自信はありませんけれども，派遣ができた経緯というか，雇用と使用が分離されているという特殊性故に出てくる問題であろうかと思います。人材派遣協会では，具体的にどのような案をお考えなのかをお聞かせいただければ，少し考える材料になるかと思いますが。

安西（弁護士） 現在は，派遣期間の規制は業務と場所です。それについて，派遣契約の期間を同一の人で3年というかたちで切り，本人が同意したら，あと2年で，合計5年にして，有期労働契約についての5年スペック案件と合わせていこうという構想で今考えています。ところが，今のように同一場所の同一業務で3年ということでは，それが実現しないということです。

有田（西南学院大学） そういうことであれば，現時点での私の考えでは，基本的に期間の制限がかかっているのは，要するに，テンポラリー・ワークに対する，その仕事に対する必要がそこにあるから，そ

の限りで認めるという制度になっていると考えざるを得ないと思います。そうすると，やはり業務でみることが必要だということで，どうしても業務というものを入れざるを得ないのではないかというのが，一応，私の考えです。

安西（弁護士）　それなら，有田先生が言われるような，有期労働契約と派遣労働契約は同一線上で考えるということにはならないのではないかと考えますが。派遣元契約との労働契約を重視するのはいいです。しかし，派遣先への直接雇用ということになってくると，そうはいかないのではないかと。

有田（西南学院大学）　私は，必ずしもそうはならないと思いますが，その辺は，また考えてお答えできればと思います。

安西（弁護士）　それで結構です。よろしくお願いします。

青野（司会）　非常に重要な，（労働者）派遣法の本質にかかわる法改正に関する議論なので，どなたかフロアから発言していただければと思います。間接雇用である労働者派遣事業を例外的に承認するという現行法の枠組み自体を変える非常に大きな議論ですので，どなたか，ご発言はありませんか。では，有田さんにじっくり考えてもらいます。

● 勤労権と営業の自由との緊張関係，有期雇用の位置付けと今回の法改正への評価

青野（司会）　有田会員への3番目の質問が名古屋大学の和田（肇）会員から来ています。有田会員へという質問ですが，3人にかかわる非常に大きな質問をいただいているので，順次答えていただければと思います。

第一点は，ディーセント・ワークが「憲法27条」の勤労権保障の内容となっていると解することには賛成であるが，他方で，憲法上，保障されている営業の自由をどのように調整したらよいのか。

第二点は，有期雇用の法的規制，あるいは立法政策上の位置付けについて，どのように考えているのか。つまり，有期雇用を期間の定めのない雇用への過渡的な形態と考えているのか，それとも，意義のある雇用形態と考えているのか。この第二点については，3人に共通する質問なので，3人に答えていただきます。

第三点は，「2」との関係で，今回の労働契約法改正をどのように評価しているか。かなり難しいというか，大きな評価の質問ですが，これも3人に答えていただきます。

和田会員，何か。はい，お願いします。

和田肇（名古屋大学）　少し哲学めいた質問で申し訳ありません。三つとも有田先生にお願いしましたが，唐津（博）会員，有田会員，米津（孝司）会員の報告にも，すべて関連しているものですから，どなたに答えていただいても結構です。

1番目の質問ですが，有田会員は，勤労権・労働権の保障について，論文をいくつか書かれているものですから，その内容は十分に理解しているつもりですし，私自身も賛成です。他方で，米津会員が営業の自由の問題を最初に報告し，どう調整するか

が大きな課題だと言いました。例えば，営業の自由を尊重する政策では，なぜまずいのか，どこに問題があったのかについて，有田会員は，「雇用の質の確保の点で問題になった」という簡単な指摘でしたが，本当にそれだけなのか。その中身をもう少し展開していただきたい。

2番目の質問ですが，有期雇用問題は，実は，それをどう位置付けるかということと非常に大きく関連していると考えています。多様な雇用形態の一つとして単純に位置付けられるのかどうか，あるいは，もっと違う問題として位置付けるべきではないか。

例えば，若い20代の人が有期契約で雇用されたとします。この人たちが有期雇用を何回も更新されてから切られるという雇用政策が本当にいいのかどうか。そういうことまで根本的に考えないと，有期雇用問題は前に進まないのではないかと考えているものですから，そのことを質問しました。

3番目ですが，今度の労働契約法改正3カ条は，私は，どう考えても，うまく説明がつきません。それぞれパッチワーク型の改正だと考えています。とりわけ，無期契約の転換の規定は，いい面もありますけれども，いろんな方たちが言われているように，5年以下の短期契約に移行するかたち，つまり，長期に有期契約が更新されてきて，それでも雇用が保障されていた人たちが短期雇用になってしまう危険性が非常に強いです。今度の改正法は，そういう面があることを理解すべきではないか。

これと，雇止めの法理と，不合理な差別の禁止という3カ条ですが，この関係がどうもよくわかりません。私に言わせると，結局，有期雇用をどのようにしようとしているのかという基本的な哲学が十分に議論されないまま，断片的に入ってしまったところに問題があるのではないか。この点について皆さんの考えをお聞かせいただきたいと思います。よろしくお願いします。

有田（西南学院大学） 1番目の質問ですけれども，雇用の量と質の双方の要請ということで，私の報告のように，質だけの問題という言い方でいいのかという指摘をいただきました。

実は，今，アングロサクソン系の国では，なぜか労働権の議論が盛んになっていますが，そこでは，やはり通常の人権とは違うという捉え方を前提に，それを何とかしようという意図で議論されています。

ところが，日本の場合は，私の理解が間違っていれば，そうではないということになるかもしれませんけれども，憲法第27条は，基本的な人権と理解されていると思っています。その関係でいくと，こちらのほうが雇用の自由よりも尊重されるべきではないかということで，制約をかけていることになるのではないかと理解しています。

2番目と3番目の質問は，非常に難しい質問です。お聞きしていると，むしろ「3」から「2」を考えるべきだと思いました。私としては，有期も派遣も，それ自体をディーセントにしていくという視点を出して議論したわけですが，それは確かにステップアップというか，正規につなげていくための過渡的なという理解というか，

位置付けもできますし、そういう位置付けで政策が展開されてきていますし、それはそれで必要な部分もあると考えています。

しかしながら、どれくらいの割合になるかは、はっきりわかりませんけれども、例えば、ワーク・ライフ・バランスを考えて、一時期、有期や派遣でということもあり得るわけです。そういうことを選択する人も現にいます。そういう人の働き方は、単にステップですから、これでいいというふうにはならないはずです。

そういう働き方をする人が必ずいることを前提に、この働き方自体がディーセント・ワークになるようにする政策は必要だろうと考えているのです。ステップアップしていくためというか、将来的な正規雇用につなげていくための過渡的な働き方という側面も当然あるでしょう。しかし、その段階においても、その働き方自体がディーセントの条件を備えられないでいいのかということが、当然考えられるべき問題であろうと思っているので、その働き方自体が、やはりしっかりとしたディーセント・ワークにならなければいけないと考えています。

そういう意味では、三つ目の問題については、三つの新たな法規制の整合的なつながりが、なかなかはっきりしません。それについては、先ほど、「有期についての位置付けがはっきりしないからだ」という指摘がありました。確かに、そういう側面もあるとは思いますけれども、無理やりというか、私の報告の中では、限界はあるものの、ある程度の評価をすべきだと思っています。

それぞれの条文でかかってきた新たな規制は、これまでにはないものです。これによって、私の言い方で言えば、ディーセント・ワークにつなげていく入り口というか、きっかけというか、手掛かりができた、と私は理解しています。

青野（司会） 有期労働契約規制についての哲学の不在という指摘については……。

唐津博（南山大学） まず、和田会員の2番目の質問について、私の考えをお話しします。政策レベルでは、望ましい働き方として多様な正社員モデル、すなわち、正規雇用と非正規雇用との間に中間層を作るという考え方、つまり、非正規雇用から正規雇用へステップアップするというかたちで、労働時間、職種、勤務地などの限定がある雇用のタイプが構想されています。正規雇用とは異なるが、また非正規雇用とも異なり、正規雇用が享受している利益を一定程度享受する雇用タイプということですが、このような階層的というか分割するような働き方の分け方はまずいのではないかと考えています。ですから、有期雇用を期間の定めのない雇用への過渡的な雇用とは考えていません。働き方は自由で、正規雇用から非正規雇用へ、また非正規雇用から正規雇用へと、流動性があるほうがいいと思っていますので、自由な働き方を想定して議論したい。3番目の質問については、和田会員の意見では、今回の法改正、つまり、無期転換制度の新設、雇止め法理の明文化、そして有期であることを理由とする不合理な労働条件の禁止は、バラバラで、

その関連がよくわからないということですが、現在最も問題とされている有期雇用における雇用の不安定さと正規雇用に比べた労働条件の低さへの対応という点では、一応の立法的対応として評価できると思います。つまり、無期転換制度の新設は、無期契約についての解雇法理の適用を通じて雇用の安定を図るという発想であり、意味があります。ただし、実際には、使用者側の対応により、労働者に無期転換申し込み権が発生しない、あるいはこの権利を使えない状況になる可能性がありますから、そうならないように、労働者の権利取得、権利行使に対する使用者による阻止行為といいますか、これを妨げるような行為を禁止する旨明文化する等、この制度枠組みをもっときちんとする必要があります。判例の雇止め法理の明文化については、後にお話ししますが、やはり意味があります。また、労働条件格差、処遇格差について何らかの立法的な手当をする必要がありますので、改正法の不合理な労働条件禁止にも意味があります。そういうことで、私は、改正法について全体的には評価しています。ただ、評価していますが、今のままでいいとは思っていません。だから、次の法改正につなげていくためにもこのような議論をする意味があるのではないかと考えています。

米津孝司（中央大学） この点は、立法論や解釈論の基本にある問題として、無期雇用の原則をどう考えるかということであると思います。ヨーロッパでは、無期雇用についてのコンセンサスが定着しつつありますが、日本では、恐らく、まだ十分議論されてはいません。学説の中には、「無期雇用の原則はない」と論じるものも登場している中で、この無期雇用を皆さんがどう考えるかが、このシンポにおける重要な論点と認識しています。

ただ、これは全体の基本的な論点になるので、あとの全体の討論にかけていきたいと思いますが、よろしいですか。

和田（名古屋大学） 私が例に出した話ですが、すべての有期雇用が過渡的な雇用だと言っているわけではありません。例えば、育児休業を補塡するための雇用は、有期でしかあり得ませんし、音楽や作家活動をしながら有期で働きたいという人を否定するわけではありません。

しかし、現実に有期雇用の問題は何かと考えたときに、今話されたようなことだけで解決するのかどうかが、私にはちょっと疑問がありました。米津先生の今の最後の話で、そこについては、あとで議論することで了解しました。

また、雇用政策的に、雇用の多様化に対してどう対応していくのかということについては、もう少しだけ議論したい。これについては唐津先生のお答えの中で、私自身も基本的に一致なものですから、それでいいと思います。要するに、今までは階層的に分断するような雇用政策が取られていました。それでいいのかどうかという基本的な問題には早く対応しないといけないし、多様な正社員モデルといいますが、内容が非常に空虚な議論になってしまうと私は考えたものですから、そのことも含めて、質問したかったということです。以上です。

2 無期転換制度・雇止め法理をめぐる解釈上の課題

● 労契法19条：無期転換後の元・有期契約労働者の法的地位

米津（司会＝中央大学） それでは，司会を代わります。唐津報告に対する宮里（邦雄）会員からの質問です。「無期転換後の労働者の解雇と，本来の無期契約労働者との解雇には，合理的理由の判断における差異があるということか。そうだとすると，その法的根拠は何か。差異が出るとするのは，無期転換制度によって雇用保護を図るという立法趣旨に反するのではないか。労働条件については，別段の定めないとされるが，少なくとも解雇からの保護については，別段の取扱いは許されないのではないか」ということです。よろしくお願いします。

唐津（南山大学） 質問ありがとうございます。舌足らずだったかもしれませんが，無期型と無期転換型について合理的理由の判断において差異があるとは言っていません。

私の考え方は，そういうタイプ分けでみるのではないということです。解雇の有効性判断では，基本的に同じ判断枠組み，つまり，客観的・合理的理由と社会的相当性，この二つの枠組みで論じられているわけですけれども，客観的・合理的理由というのは，解雇の根拠となる，きちんとした理由が認められるかどうかということで，また，きちんとした理由があったとしても，社会的相当性というかたちで労働者の受ける不利益の内容とか程度とかが，社会通念上どう評価されるかという観点で，解雇法理が適用される。ただ，議論になるとすれば，社会的相当性の判断，枠組みの中で，期待可能性というか，現在の一般的な理解では，有期だからということで，一定程度の不利益が出ても致し方ないという受け止め方があるのかもしれませんので，それが裁判官の判断を左右して無期の正規雇用とそれ以外のものとは，客観的に見て，雇用保護の必要性や，期待利益の保護の程度が違うのではないかという判断が導かれる可能性はあると思います。

しかし，労働契約法理の考え方からすれば，正規や非正規といった類型ごとに保護の程度に優劣があるのではなくて，客観的な利益状況の程度によって，その人の期待的な利益を保護することがふさわしいかどうかが問題になる。契約の終了段階における契約の維持・存続への期待的利益の保護原則に照らして，雇用の類型の差異によるのではなく，当該労働者の個々のケースによって，その判断は違うのではないかと理解しています。

米津（司会） 今の論点は，次の質問にもかかわるので，次の質問に移ります。中村会員からの質問です。「『労働契約法第16条』と『同第19条』の解雇・雇止めの客観的・合理的理由と社会的相当性の判断において，考慮要素の一つである労働者の雇用継続の利益・期待について，『①無期契約労働者』，『②有期から無期への転換者』，『③有期契約労働者』の間において差があ

ると考えるのか。差があるとすると，その根拠は何か。当初の合意によるのか。従来，裁判所は『①』と『③』は違うとして扱ってきた」ということです。よろしいでしょうか。

中村和雄（弁護士） 弁護士の中村です。先ほどの質問と共通しますが，従来は，明らかに有期か無期かということで扱いが違っていました。雇止めの法理は，解雇法理の合理性や相当性の準用が認められていますが，その判断基準は違ってもいい，ということが日立メディコ判決です。それを根拠づける理由は，やはり最初の契約の段階において有期ということで納得していることを根拠にせざるを得ないのではないかと思います。

そうだとすると，今回，新しく創設された「第18条」は，最初の合意の段階では有期なわけですから，それが法の適用によって無期になるという場合に，扱いがどうなるのか。無期にはなったけれども，解雇規制の適用にあたっては当初からの無期型とは判断基準が異なることになるのでしょうか。異ならないとすると，有期の雇止めとの整合性はどうなるのでしょうか。その点の整理をしていただければと思います。

宮里邦雄（弁護士） 関連質問です。無期転換の前に有期雇用であったことを考慮するのはおかしいのではないか。不安定雇用を解消して雇用保護を図ろうという趣旨からすると，無期転換になったあとは，他の期間の定めのない雇用と，雇用保護においては全く同じということではないか，ということです。

唐津（南山大学） 質問ありがとうございます。もともと無期と有期では，有期のほうがハンディを背負っていて，今度の無期転換になったら，有期の人に無期と同じような保護が与えられるという発想，基本的に無期と有期は違っているが，無期転換は，まさに無期と同じ保護を与えられるべきものだといった，そういう発想をやめたいということです。

私は，以前の労働法学会でも報告したことがありますが，例えば，無期であっても，一定のスキルを持っていて，いろんなところに移れる人にとっては，解雇の社会的相当性が緩むのではないか。

解雇権濫用法理について言えば，「解雇にきちんとした理由がありますか」というのが客観的合理的理由のところで，みんなが，「こういう場合は雇用を失っても仕方がないよね」というのが社会的相当性の判断になる。

そうすると，ケースごとの具体的な利益状況に照らして，無期の場合であっても，「こういう場合は解雇やむなし」という場合もあり得ます。逆に言えば，有期の人でも継続雇用の中で利益状況が変わるから，私は無期転換制度を労使の利益状況の変化に応じて労使の利益バランスを調整するための労働条件変更権によって正当化しますが，その人の解雇の社会的相当性判断はこの利益状況に応じたものでなければならない。

「こういうタイプの雇用だから不利だ」とか，「こういうタイプの雇用だから有利だ」という今までの考え方をやめないとい

シンポジウムの記録

けない,そういう趣旨です。

● 労契法19条:従来の判例法理との異同

米津(司会) 次に,唐津会員の報告に対して川口(美貴)会員から三つの質問があるので,読み上げます。「①『労働契約法第19条』は,従来の雇止めに関する判例法理を明文化したものではなく,従来の判例法理に加えて,契約締結または更新の承諾のみなし制度を創設したもので,従来の判例法理も重畳的に適用されると解すべきだと思いますが,いかがでしょうか」。これが一つ目です。

唐津(南山大学) 質問ありがとうございます。第一点ですが,川口会員は判例法理と今回の『第19条』は別物であると理解されているようですが,私は判例法理は,最高裁の日立メディコ事件判決を核として,東芝柳町工場事件判決をそこに組み入れたものと理解しました。ただ,東芝柳町工場事件判決については,雇止めが許されない結果として,同一の労働契約が更新されるのではなくて,当該雇用が全く期間の定めのない雇用になると解釈できる余地があります。すなわち,実質的に期間の定めのない契約であると認定できる場合には,有期契約が更新されるというのではなくて,期間の定めのない雇用になるという解釈が導き出されます。川口会員の理解には,そういう点にメリットはあるのかという気がしますが,いかがでしょうか。

川口美貴(関西大学) 関西大学の川口です。今,唐津先生が言われたこともあり得るかとは思いますが,主に私の趣旨は,そういうことではなくて,「労働契約法第19条」と従来の判例法理との関係をどう整理するのかということです。

「労働契約法第19条」は,従来の判例法理を明文化していると言われたかと思いますが,もちろん,従来の判例法理を明文化したわけではありません。「第19条」は,使用者が契約の更新または締結の申込みを承諾したとみなされる要件を規定しているものです。

その要件として三つあるということで,1番目は,有期労働契約が,いわゆる実質的に期間の定めのない労働契約と異ならない労働契約か,あるいは契約が更新されることに合理的な期待があるという要件です。2番目は,労働者が契約期間が満了するまでの間に契約更新をしたか,あるいは契約期間終了後に,遅滞なく労働契約の申込みをしたという要件です。3番目は,使用者が当該申込みを拒否することが客観的に合理的な理由を欠き,社会通念上相当であると認められないこと,という要件です。

この三つの要件を充足した場合は,使用者が契約の更新または締結の申込みを承諾したとみなすという制度なので,もちろん,従来の判例法理とは理論構成が全く違います。

従来の判例法理は,伝統的な契約法理に基づいて,契約当事者のいずれかから格別の意思表示がない場合は,契約を更新するという当事者の合意に基づいて,契約の更新という法律効果を導きます。格別の意思表示が許されるかどうかについては,解雇権濫用法理,信義則違反,差別的取扱い禁

止という法理を類推適用して判断するというものです。

ですから，要件も違いますし，特に従来の判例法理であれば，労働者の申込みが特に要件とされていませんでした。

私が危惧しているのは，今後，申込みをしたとかしないとかということについて，いろいろ紛争が発生したときのことです。厚労省の通達では，「『嫌だよ』と言ったら，それでいいということにしようじゃないか」みたいなことなので，別にそれに反対するつもりはありませんが，ただ，最終的に判断するのは，厚労省ではなくて裁判所ですから，申込みの意思表示があったかどうかをどれくらい厳格に判断するのかは，これから考えてみないとわからないところだと思います。

なので，私は，仮に労働者の申込みが……，当然，証明責任は労働者側にあると思いますが，申込みをしたことが認められなかったとしても，従来の判例法理に基づいて，一定の場合は権利濫用や信義則に関する法理を類推適用して，契約の更新の効果を認めるべきではないかというのが一つです。

また，今回の「第19条」の場合は，契約が更新されたあとの労働条件は，従来の労働条件と同一の労働条件で使用者が申込みを承諾したかたちになっていますが，従来の事案だと，例えば，雇用の継続への合理的な期待はあっても，同一の労働条件であるということまでは必ずしも期待できるとは限りません。年ごとに労働条件や手当などが変わっていく場合もあります。そういう場合は，例えば，従来の判例法理を使って契約更新の効果を認め，更新後の契約内容については合理的に解釈するといった処理が必要になるのではないかと考えたので，質問しました。

米津（司会） ありがとうございます。「第19条」に関しては，従来の判例における雇止め法理を条文化したものだという理解がある一方で，そうではないのではないかという議論も有力にあります。今の川口さんの考えは，明確に違うという前提で，従来の判例法理が，それとは別個に適用されるのではないかという議論だったと思います。

唐津（南山大学） わかりました。ただ，行政通達を含めて，改正法19条は判例法理を明文化したものと説明されています。判例法理を条文化することを前提に，申込みと承諾で契約が成立するという法形式に即して，こういうかたちで，雇止め法理が明文化された，ただ，その法的な内容は維持されるというのであれば，それでもいいのではないかという理解です。

しかし，就業規則の不利益変更に関する判例法理の条文化に関してもそうですが，条文ができたあと，それが独り歩きしてしまう可能性はある。条文の文言が紛争解決の起点になりますから，19条についても，申込みが何であるかうんぬんという議論が生じる。また，「要件は，これこれ」という説明をしてしまいます。

でも，雇止め法理が何を目的としてきたかというと，一定条件が満たされれば，有期契約でも同一内容で契約が継続され，更

新されていくというルールを設定した，それは私の言葉でいえば，労働契約の存続に対する期待的利益を確保するための制度です。

ですから，大事なことは，判例法理で達成された保護水準で救済されていた事案が，今回の新しい条文によって救済されなくなるような解釈をしてはいけないということです。それこそが立法者意思を生かす道だと思います。新しくできた条文の一つ一つの文言の意味・内容を細かく突き詰めていって，概念法学的な解釈論に陥ると，これはまずいだろう。ですから，基本的に，判例法理が明文化されて，こういう条文になったけれども，従来の判例法理で保護されていた利益をカバーできるような解釈をすれば，それでいいのではないかと考えます。

● 労契法18条：無期転換の要件

　米津（司会）　よろしいですか。それでは，二点目，三点目の質問に移ります。二点目は，「『労働契約法第18条』の無期転換制度について，無期契約の成立の要件を労働者の無期転換申込権の発生要件と行使要件として説明されましたが，『①通算期間の要件』と『②労働者の申込みの要件』と説明したほうがよいのではないでしょうか」ということです。

　三点目は，「『労働契約法第18条』の同一の使用者の判断基準についての質問です。『労働契約法第18条』と『労働契約法第19条』の労働者による申込みの部分の認定基準について，お考えがあればお聞かせください」ということです。

　唐津（南山大学）　改正法18条の無期転換制度については，私は，これを，労働条件変更権としての無期転換申込権を法律で労働者に与えたものと理解していますから，どういう条件が調えば権利が発生し，どういう行使を求められているかという観点から，発生要件と行使要件という枠組みで説明しました。

　川口（関西大学）　今の点ですけれども，唐津先生は，労働者の無期転換申込権の発生要件について，「有期契約の更新」プラス「通算契約期間5年を超えること」であり，その権利の行使要件が期間満了前の行使であるというかたちで整理をされていますが，労働者の無期転換申込権は，別に通算契約期間5年を超えなくても発生するので，これを発生要件と整理するのは，間違っているのではないかという意味での指摘です。

　例えば，3年の契約を締結して，次にまた3年の契約を締結した場合，3回目の契約は，結局，初めからすれば6年後になります。当該契約期間中に通算契約期間が5年を超えることとなる有期労働契約の契約期間の初日から期間満了までの間，労働者は，期間の定めのない労働契約の締結の申込みができるので，別に通算契約期間が5年を超えていることが無期転換申込権の発生要件ではありません。

　唐津先生のように整理すると，期間の定めのない労働契約の成立要件が正確に反映されていないことになるので，シンプルに，1番目の要件は，同一の使用者との間で締結された無期労働契約の通算期間が5年を

超えること，2番目の要件は，労働者が期間を定めない労働契約の締結の申込みをしたことということで，基本的に，この2要件であると説明したほうが正確であると思います。

どちらがいいかということではなくて，そうしないと「労働契約法第18条」が定めている，使用者の期間の定めのない労働契約の締結の申込みを承諾したとみなされる要件をカバーすることにならないのではないかという質問でした。

唐津（南山大学） 了解しました。

もう一つ，同一の使用者の判断基準については，私の報告の中では，雇用形態を偽装するというか，別の雇用関係にしておいて，無期転換申込権が発生しないように使用者が姿をくらますというか，そのような使用者の阻害行為を防がなければいけないという点を話しました。その判断基準は，特定の使用者との間で継続的な雇用関係があるかどうかを見ればいいだけだと考えていますが，その点は，必要があれば学会誌で書かせていただきます。

また，もう一つ，改正法18条と19条に「申込み」の文言がありますので，川口会員は「申込み」という言葉に非常に拘泥されてその認定基準はどうなるのかという質問をなさっていますが，19条の「申込み」については，行政通達でも「「争いたい」，あるいは「困る」と言えば，それでもいい」と解釈されていますし，非常にラフなかたち，柔軟な解釈が可能です。あくまでも法の形式上，「申込み」という言葉を使っただけだと理解しているので，特に判断基準，認定基準を作る必要はないと理解し，特に報告ではふれませんでした。

● **労契法19条：無期転換後の元・有期契約労働者の法的地位・再論**

米津（司会） ありがとうございます。唐津会員に対する質問は以上ですが，フロアのほうからなにかご意見ありますでしょうか。

濱口桂一郎（労働政策研究・研修機構） JILPT，労働政策研究・研修機構の濱口（桂一郎）です。先ほどの宮里会員の質問と，それに対する唐津会員の回答は，若干ポイントがずれているのではないかという感じがしたもので，私の理解について話したいと思います。

宮里会員の質問は，有期から無期になった人と無期のままの人で差があるのはおかしいのではないかという質問でした。唐津会員の回答は，それにストレートに答えていないと思います。

私の理解を言うと，有期か無期かという問題と，日本で言う，いわゆる正社員，パート法（短時間労働者の雇用管理の改善等に関する法律）で言う「通常の労働者」かそうでないかという問題の二つが，ごっちゃになっているのではないかという感じがしました。

つまり，フルタイムで無期で直用であれば，パート法で言う「通常の労働者」になるかというと，そうではありません。「当該事業主との雇用関係が終了するまでの全期間において，その職務の内容及び配置が変更される」（8条1項）ことが前提とな

っているのが「通常の労働者」ですから，それを前提として他の職務や勤務場所に配置転換される可能性を含めて解雇の合理性が判断されます。これに対し，同じ無期であっても，そういう前提がない人について解雇の合理性判断がどうなるかというのは，有期から無期に変わった人であろうが，はじめから（職務限定や勤務場所限定で）無期で雇われた人であろうが，異なるのが当然です。

　要するに異なる二つの軸をごっちゃにしているのではないか。有期から無期になった人は，「通常の労働者」ではなく，言ってみれば，素の無期労働者です。それに対して，ここでただ「無期」という言葉で語られている人は，素の無期労働者ではなくて，職務内容や勤務場所が変わるのを前提とした人です。その暗黙の前提のうえで議論されているのではないでしょうか。

　従って，そこは有期と無期というかたちで議論されるべきではないのではないかと感じたわけです。私は，宮里会員の質問を聞きながら，有期から転換した者であれ，はじめから無期の者であれ，職務や配置が限定されている労働者の解雇と，それらが無限定の者の解雇とでは合理性判断に差異があるのは当然であると，そういうかたちで回答されるべきだったのではないかと感じたので，私の理解を話すかたちで若干コメントさせていただきました。

　米津（司会）　ありがとうございます。
　唐津（南山大学）　どうもありがとうございます。無期型でも，その中に含まれる個々の労働者の利益状況は違うというかたちで，私は，いろいろな場合がその中に入っていると理解しています。基本的には，解雇になった場合に，その人がどんな利益状況にあって，これがどう侵害されるか，これをどう救済すべきかという観点で考えようということです。

　米津（司会）　はい。
　古川景一（弁護士）　端的に伺います。申込みの存在について，どんなに救済的に解釈しようとしても，事実認定できない場合があるはずです。そのときに，従来の判例法理が適用されるのかされないのか，そのことだけ伺います。

　唐津（南山大学）　質問ありがとうございます。私は，今回の改正法には従来の判例法理が含まれると理解していますから，判例法理では，もちろん，「申込み」という文言を使っていませんが，どういう争い方をしているか，どういう状況であったかということで救済していますので，先ほどの川口会員へお答えしたように，改正法19条の「申込み」の認定基準について特に考えていません。

　古川（弁護士）　労働契約法を全く知らない素人の本人訴訟も当然あり得ます。ですから，申込みがない場合には，どうするのかという質問です。

　唐津（南山大学）　雇止めのときは，雇止めを争うこと自体を申込みがあったと解すればよいのではないですか。

　これに対して，無期転換制度の場合は，無期転換権をきちんと行使するかどうかですから，はっきり言わなければいけません。一定の要件を満たした場合に，「私には無

期転換行使権がある。有期だけれども，無期に替わりたい」と言わなければいけません。

米津（司会） 大変重要な論点だと思います。判例法理を条文化したと言われますけれども，実は，従来の判例法理との間には隔たりがあるのではないか，それをどう埋めるのかという問題提起がされているものと思います。議論は尽きないと思いますけれども，ここは次に行きます。もうお一方，安西会員どうぞ。

安西（弁護士） 弁護士会員の安西です。先ほどの宮里会員の質問は，無期転換になったあとは，その前に有期雇用であったことを考慮するのはおかしいとの点については，私の考えとはぶつかるわけです。いわゆるはじめからの無期社員は，恐らく正社員で，採用手続から違います。有期雇用社員は雇用調整要員ですから，経営不振になると，一番に解雇の対象となります。そのような社員としての雇用から無期転換権の行使で無期転換したということは，正社員と有期社員との真ん中の雇用形態ができるということです。

ですから，私は，経営者に対する指導としては，「無期転換社員については，別途，準社員という就業規則を作りなさい」。従って，正社員，準社員，有期社員となってきます。そうすると，整理解雇の順番からいくと，有期社員が第1，無期転換社員が第2順位となり，正社員とは異なります。宮里会員は，無期になった以上，無期として正社員と同じだと言われておられますが，正社員と転換社員というのは，私の考えで

は違います。宮里会員は，これは一緒ではないかと。たぶんそこでぶつかりあう。こういう問題になろうかと思います。

中村（弁護士） 濱口先生に質問というかたちがいいと思いますが，「職種限定とか地域限定とか，残業の有無とか，いろんなことは，もちろん正社員，いわゆる無期の中でも違いがあります。それによって解雇のときの総合考慮の要素が違ってくるから，当然，判断が違う」と言われました。そういうものが同一の場合に，もともとの契約に期限が付いていたのか，無期だったのかということを，解雇の合理性・相当性の判断にあたって考慮すべき要素として加えることができるのだろうか。そこについて争いがあるのではないかと思います。

濱口先生は，そのこと自体を考慮要素にはすべきでないということですか。

米津（司会） では，その点だけ答えていただけますでしょうか。

濱口（労働政策研究・研修機構） JILPTの濱口です。先ほど言ったことに尽きると思いますが，要は，軸が二つあるということです。その二つ目の職務限定なり勤務場所限定ということ以外の要件，つまり前の身分が有期だったことだけが影響を及ぼすということはないだろうと思います。

通常は，有期であるということは，職務なり勤務場所が限定されていると考えられますので，今回の18条の規定からすると，当然，そこを維持したまま無期になります。つまりパート法で言う「通常の労働者」ではない素の無期契約労働者になる訳ですから，入り口から素の無期でない人と比べれ

ば、そこに違いがあるだろうと。逆に、無期転換時にわざわざ職務や配置の限定をなくして「通常の労働者」にしたのであれば、それはそれとして判断されるのであって、前歴で判断されるべきではないでしょう。

3 有期契約労働者の均等・均衡処遇をめぐる解釈上の課題

● 労契法20条：不合理な労働条件の禁止の公序性と合理性判断

米津（司会） まだまだ議論はあるかと思いますが、時間のこともあるので、次の質問に移ります。次は、沼田（雅之）会員への質問です。

豊川（義明）会員からの質問です。「レジュメ5ページの『(3)』、『労働契約法第18条』に基づき、無期への転換がある際に、『労契法第20条』、『労契法第3条2項』により、不合理な労働条件の禁止の司法審査が及ぶことについての質問です。これは少しわかりにくいのですが、やはり法の欠缺ではなく、別個の立法趣旨と見るほかないのではないかと考えます。すなわち、『労働契約法第20条』による是正の先行があり、そののちに『労働契約法第18条』への転換がある場合と考えざるを得ないのではないでしょうか」。これが一つ目の質問です。

二つ目は、「不合理性の要素である責任の程度については、もともと均等処遇に違反する責任範囲の限定を要件として考慮してはならないのではないでしょうか。どうお考えですか」という質問です。では、よろしくお願いします。

豊川義明（関西学院大学法科大学院・弁護士）
簡単に言います。豊川です。先生は、待遇論のほうに随分踏み込んでいます。このレジュメを見る限りは、「第18条」と「第20条」という問題の前提として、均等待遇の強い公序性と。これは柔軟性です。

恐らく、「第20条」の趣旨を「労契法3条2項」に読み込んで、「第18条」における労働条件の格差を是正するという説明をされるのではないかと思いますが、私の理解によれば、「第18条」の場面と「第20条」の場面は、それぞれ違った場面ですし、また、「労契法第20条」と「労契法第3条2項」は、同じ法律の中の条項なので、それを欠缺是正と考えることも難しいのではないかと思います。

その意味では、「第18条」の無期への転換の前に、労働条件の格差是正という「労契法第20条」の取り組みがあり、「第18条」ということになるのではないか。むしろ、「労契法第18条」による転換があったけれども、差別的な労働条件が残っている場合には、最初に言われた均等待遇あるいは公序性から差別是正を考えていくことになるのではないかということです。

二つ目の問題については、「パート法第8条」の責任の程度の問題にもかかわりますが、この責任の程度、あるいは責任の範囲の区分が、引き続き合理的なものである、あるいは不合理なものではないということ自体が大きな問題です。

さらに言いたいことは、同一の労働・量・質というけれども、現在は、差別方針の中で、当然、責任が変わるようなかたち

で進んでいるわけですから，この責任の程度という問題については，厳しく見ていかなければならないのではないかと考えています。

沼田雅之（法政大学） 質問をありがとうございます。まず，一点目です。これは報告のときに断ればよかったのですが，レジュメを作成していたときと見解が変わっています。この部分については，豊川会員が言われたとおり，私も公序の問題として考えるべきだと思います。これは報告の中では話していました。従って，今日やった報告の関係では，このレジュメの部分に関しては誤りなので，その点は深くおわびしなければならないと思っています。

二点目の責任の程度ということに関しては，豊川会員が言われる問題意識には，ある程度共有できる部分があると思っています。しかし，そうはいっても，労働契約法で今回新設された「第20条」は，いわゆる責任という部分が明記されているので，これを無視して解釈することはできないのではないかと思っています。

そのときに，従来であれば，有期労働契約であることなど，外形的な事実の背後にある，例えば，職務が限定されているとか，配置転換されていないとか，そもそも配置転換の範囲が非常に限定されているというような，それだけの理由が，この部分の責任の考慮要素になるとは私は考えていません。

ですから，例えば，配置転換の範囲とされているものが，職務の関係で，どうしてこの人にはこういう責任が負わされていて，どうしてこの人には責任が負わされていないのかということをもう少し客観的に，その事実だけではなく，合理性，目的といった観点から実質的な判断をするべきではないかという認識を持っています。

● 労契法20条：諸外国における有期契約労働への法規制

米津（司会） よろしいですか。はい。それでは，もうお一方，質問があります。大阪府社会保険労務士会所属の森啓治郎会員（大阪府社会保険労務士会所属）から沼田会員への質問です。「『労働契約法第20条』と『派遣法第30条の2』の比較について大変参考になりました。諸外国においては，『労働契約法第20条』にあたる法制についてどのように規制されているのかを知っている方がおられれば教えてください」ということですが，まず，沼田会員。

沼田（法政大学） 今回の「労働契約法第20条」の新設にあたっては，それなりの立法上プロセスがあり，さまざまな報告書の中で，いわゆる比較法的な検討が鋭意なされていたわけですけれども，ここでそれをつぶさに話す必要があるのかどうか。

米津（司会） ざっくりと。

沼田（法政大学） ざっくりと説明できるのかという問題はありますが，基本的には非常に簡単に説明させていただきます。残念ながら，私は，特にEUとの比較検討を詳細にやったことがないので，もしかしたら私の説明は誤りかもしれません。ですから，もし誤りがあれば補足していただければと思います。

EUの中では，一般的には，いわゆる同一労働同一賃金という非常に強い差別禁止の意図を持った規制がございます。むしろこれまでは，例えば，性別とか人種とか，ある基本権の問題に直接かかわること，自分の努力では拭い去ることができないことに対しての強い反差別性に着目し，厳しい規制をするというやり方がありました。

また一方では，こういった契約形態差別に関しては，報告の中では「選択」と言いましたけれども，一面で当事者の選択という部分があります。その一方で，本当に自由意思のもとで選択できているのかという部分を括弧して説明しました。EUでは，そういった点を考慮して規制がなされています。

その代わり，いわゆる人権のような基本権に直接抵触するようなものに比べると，比較的緩やかな規制内容となっています。例えば，前者の同一労働同一賃金みたいな流れから来る話としては，別異な取扱いそのものが許されない。例えば，女性といったことについては，有利に扱うことも許されないのに対して，立法の政策上としては，比較的緩やかに解釈されていて，不利な取扱いの禁止という一面的な規制になっています。このようにまとめられているという理解で，一応，簡単に説明いたしました。

米津（司会）　ありがとうございます。森啓治郎（大阪府社会保険労務士会所属）会員からは，有期の問題で，「日本では5年と定められたところは，外国の例では何年になっているのか」という質問も併せていただいています。今回，比較法研究については，独立の報告を立てることができませんでしたけれども，これについては，さまざまな比較法的な研究が行われていると思います。これについて，どなたか何か発言はありますか。

青野（明治大学）　スウェーデンの法制について簡単にご説明いたします。スウェーデンは，1974年雇用保障法から有期労働契約規制が始まっていて，世界で最初に入口規制によって有期労働契約を規制した国だと認識しています。2006年及び2007年に大改正があり，同改正法によると直近5年間で総計2年を超えると，その有期労働契約は自動的に無期労働契約に転換します。日本の今回の労契法のようなクーリング期間は当然組み込まれているので，空白期間が何ケ月空いても，トータルで5年間で通算して2年を超えると無期転換するという非常に厳しい出口規制を定めています。

米津（司会）　いかがでしょうか。確かに2年あるいは3年が多いような気がします。そういう意味では，日本の5年というのは議論があるところだと思います。いかがですか。この点についてはよろしいですか。ないようでしたら，これで沼田会員への質問は終わりです。

4　非正規労働者の社会・労働保険法上の地位をめぐる問題

● 非正規労働者の被用者保険の被保険者資格：内かんの問題点

青野（司会）　司会を代わります。小西（啓文）会員に対して弁護士の指宿会員

から,「先ほど指摘があった内かんは,厚生年金保険法,健康保険法にない要件を創出するもので,違法ではないか」という質問です。お願いします。

小西啓文（明治大学） 質問をありがとうございます。確かに,ご指摘のとおり,私も,これは非常に問題のある根拠であると思っていますし,資格を奪うという点で重要なことです。それは,このような内かん,手紙みたいなものという感じですけれども,実際に手元にありますが,「拝啓,時下益々御清祥のこととお慶び申し上げます。健康保険及び厚生年金保険の事業運営に当たっては平素から格段の御尽力をいただき厚くお礼申し上げます。さて」,うんぬん,最後には,「なお,貴管下健康保険組合に対する処し方につきましても,併せてご配慮願います。以上,要用のみ御連絡申し上げます。敬具」というもので,全然規範的なものではないと考えています。

ただ,裁判例として,先ほど京都市の事案を一つだけ取り上げましたけれども,この裁判例の中で,先ほども紹介した適用除外の規定について,「右除外規定には該当しないものの,厚生年金の実務において被保険者資格を有しないものと扱われてきたのが,いわゆるパート,アルバイトと呼ばれる短時間労働者である。このような短時間労働者は,多くはその労働によって生計を立てる者とは言えず,法の予定している「労働者」に該当しないものと考えられるから,右取扱が違法とは考えられない。」と言っています。

私自身,これは非常に問題があって,指宿会員の指摘のとおり,違法なものであるという認識はありますが,裁判例の中では,違法とは考えられないと言っていることを指摘しておきます。

青野（司会） 今の回答でよろしいですか。

指宿昭一（弁護士） 回答をありがとうございます。弁護士の指宿です。私は,京都地裁の判例を検討しましたが,確かに,「すべての労働者を社会保険に入れるのは,必ずしも妥当ではない。ただ,労働によって生活している者は入れるべきである」という理屈になっていたと思います。

その判例の論理が正しいとしても,果たして4分の3ルール,すなわち,労働時間が週30時間を下回っている労働者は,労働によって生活を維持している労働者とは言えないのかという問題があると思います。

法改正により,20時間ルールが4年後に適用されるということですけれども,先ほども説明があったように,実際は,当初は370万人への適用を予定していたとか,30万人しか適用されないとか,あまり,非正規労働者の加入資格の拡大になっていないという中で,京都地裁の判決の論理の部分,すなわち,労働によって生活している者には社会保険加入を認めるべきというところから見ても,今の改革はおかしいし,内かんもおかしいと思っています。それを踏まえて,コメントをいただければと思います。

小西（明治大学） ありがとうございます。ご指摘のとおり,骨抜き的な改正内容になっていると思います。今後も適用拡大が望ましいと私自身も考えています。そ

ういう観点から見て、今回の法改正は問題です。

例えば、500人以上というのを要件にしていたというのは、法律改正ではありますが、その根拠は附則におかれています。そういった点では、本当は立法者としても少し問題があるという感じを抱きながらも、この間、労使のいろんなやり取りの中で、政治的な判断というか、結局、そこで受けたのだろうと今のところは思っています。

もちろん、それが拡大適用されるように唱えていくべきだと思っていますけれども、第3号被保険者の問題とか、なおクリアしていく問題もあろうかと思うので、それらの点を踏まえて、また検討を加えていく必要があると思いますし、私も、このような指摘を受けて、論文を書くときには、もう少し考えてみたいと思います。ありがとうございます。

米津（司会） 以上で、いただいた質問には答えたわけですけれども、全体の討論に入る前に、フロアから、「これだけは聞いておきたい」という質問がありますか。ありませんか。

5 総括討論

● 無期原則の存否

米津（司会） それでは、全体の総括討論に入ります。こちらで、大きな論点を二つ設定したいと思います。一つは、先ほどの和田会員からの質問をわれわれなりに受け止め、やはり無期雇用の原則をわれわれがどう考えるかということについて、若干議論が必要かと思いました。まず、それが一点です。もう一つは、均等処遇について議論をもう少し深めたいと思います。

この中では、議論の中にもありましたが、「多様な正社員」という厚労省の政策文書にも出てくる、将来的なビジョンの問題を絡めながら議論を深めていければと思います。

いかがでしょうか。まず、無期の問題について何か発言がありますでしょうか。報告者の間では、政策の方向性として無期が望ましいというのが、おおよそ共通する理解でしたが、他方で例えばフランスのように、無期の法的な原則があるとは、なかなか言いにくいという議論も強かったと思います。これに対して何か意見はありませんか。では、毛塚先生、いかがですか。

毛塚勝利（中央大学） 私は、こんにちの雇用労働については、法の論理として、基本的に無期契約が原則と思っています。

まず、こんにちの支配的な雇用労働は、ゴーイングコンサーンとしての企業における労働、継続的な事業活動を前提とする労働です。かつてのように農業労働が社会における支配的労働であれば、季節的に限定されて働く労働としての有期契約が典型的ということもあり得るかもしれませんが、事業活動が永続的である以上、雇用労働も継続的に必要で無期契約が典型的になる。現実にも、企業が優秀な人材を確保しようと思えば、継続的に労働者を使うことの方が経済的合理性にもあうわけで、日本の長期雇用システムも当然、この継続的雇用を前提に成立したものです。このように、こ

んにちの雇用労働の支配的形態が企業労働という社会的現実を前提とすれば，無期契約が雇用労働の支配的形態であると理解することはきわめて自然なことだと思います。

また，法制史的に言っても，例えば，近代の雇用労働の法的規制の問題が登場する過程では，使用者の足止め策を防止し，労働者の職業選択の自由を確保することがなによりも問題になる。工場労働の成立とともに労働力を確保するために，工場主は有期契約を使って足止めをします。それに対する批判として，無期契約における解雇の自由の原則が確立するとともに，長期の有期契約の規制が始まるわけです。

また，今日的に言えば，解雇権濫用法理が労働契約法に成文化され，継続的な雇用の確保を基本的な価値とすることが確認され，労働者の職業選択の自由のみならず，継続的雇用を確保する観点からも，無期契約が望ましいとされているわけですから，雇用労働の法的形態として何が支配的であり基本的な法形態かと言えば，無期契約であろうと言わざるをえないのではないでしょうか。

米津（司会） ありがとうございます。いかがでしょうか。よろしいですか。もしないようでしたら，これに関連して司会から報告者に若干質問をしたいと思います。

唐津報告の中で，解雇自由の制限について，契約法理内在的には出てこないという議論がありました。これは，恐らく，無期の原則があるとは言えないという前提で，政策的には望ましいけれども，法原則として，それがあるとは断定しかねるというこ

とかと思います。

ただ，労働法学に限らず，民法学においても，雇用関係には不文の継続性の原則が存在するという議論もあります。この場合の継続性という意味の理解にもよると思いますが，この原理からしても，やはり解雇自由の制限が契約内在的に出てこないと言えるのかという点については，いかがでしょう。

唐津（南山大学） 労働契約の契約内容を個別的に，また集団的に規制するいろんな法制度が整備されてきています。また，派遣法では申込みのみなし雇用の制度が，今回は無期転換制度という新たな制度が入ってきますから，労働契約の基礎的な規範構造が大きく変わってくると理解すれば，契約自由の原則に対していろんな介入というか，法的な規制がどんどん導入されてきて，労働法制自体が質的な面で大きく変わって，時代とともに新しい原則を見いだすことは必要でしょうし，今後は，論調が変わってくる可能性はあるかと思います。

私の報告では，やはり契約の自由原則というかたちで，契約締結の自由を規制することは，労働契約法理としては出てこない。けれども，ポリシーとして，法政策としてはその規制はあり得るという見解を採りました。ただし，労働契約法理との関連でいくと，なぜ有期であるのかということについては，やはり説明する必要があるのではないか。締結理由，期間の定めについての説明義務を使用者に課すというかたちで，使用者が期間を設定する場合には，「これこれの事情で，あなたは有期雇用ですよ」

ということを説明したうえで労働者も納得し，有期雇用関係が展開していく。労働契約法理は，ここから始まるのかなと。ですから，契約締結段階について，今回は法規制は見送られましたが，そういった点から法規制が少しずつ進展していくと，事実上，わが国の労働法も，無期が原則であると言えるようになるのではないかと考えています。

米津（司会）　先ほどから議論していることをかいつまんで話していただいたと思います。その上に立って，契約の自由の内容の一つとしての契約形態の選択の自由自体を憲法規範の観点から規制できるのではないかというスタンスで報告されたのが有田会員だと思うので，それについて何か。

有田（西南学院大学）　そういう点で言えば，立法政策的に有期の利用事由を限定することは，私も望ましいと思います。それを行うことによって，日本において無期原則が明確に存在すると言うことができるのではないか。

いろいろありますけれども，派遣のような間接雇用に対して，私の理解では「職安法（職業安定法）第44条」の存在から直接雇用が原則だと考えているので，こちらは，例外的に派遣が許容されているという関係が明確だと考えています。

しかし，無期原則については，現時点において，法規制の存在によって，この原則をそこまでクリアに認め得ることまでは難しいかもしれません。ただ，無期転換の規定が入ったということは，その原則の存在をかなり推測させるというか，はっきり断言することは，なかなか難しいと私は思いますけれども，一歩踏み出して，この原則をわが国の制度法上の原則として考えるべきだという方向に出た，と私は理解しています。

米津（司会）　ありがとうございます。

豊川（関西学院大学法科大学院・弁護士）　今の問題に発言していいでしょうか。

米津（司会）　はい，もちろん。

豊川（関西学院大学法科大学院・弁護士）　和田会員から財産権の自由，あるいは取引の自由という話があって，また，契約の自由という話が出ました。そういう意味では，雇用は，市民法の中における雇用で，ここでは間違いなしに契約の自由であろうと思います。先ほど脇田さんからも話があったように，労働法においては団結権，集団法によって規制をしていく。また，「憲法第27条2項」によって，さまざまな労働条件を法定していく。そして，「第27条1項」の労働権保障という問題は，社会法としての規定であることは明らかです。

その意味では，契約の自由という点での雇用の自由は，社会法の憲法の規定としても，あるいは労基法の規定によっても，先ほど毛塚さんも言われたところから見ても，解雇の問題についての濫用規制も，実は，そういう契約の自由に対する社会法の規制すなわち，実質的な自由を回復するものであると見るべきではないかと強く考えているので参加しました。

米津（司会）　ありがとうございます。

毛塚（中央大学）　報告者グループが無期を雇用契約の原則とみることに消極的

なのであえて質問をさせていただきますが，例えば，労働者が働いている契約が無期か有期か不明であるときに，その契約をどちらと見るのですか。特に約定がなければ，通常は期間の定めがない契約と見るのがごく素直な解釈なのではないですか。それとも，有期契約とみるのですか。

唐津（南山大学）　それは，両当事者の関係から，どういう就労形態かとか，労働の内容にもよると思います。結局，意思解釈ということです。仕事の内容とか，当事者が，年齢もありますけど，どんなスキルを持っているかということによって，もし何も決めていなくても，「通常は期間を定めるけれども，たまたま定めなかっただけだ」と言うこともあり得るかもしれません。期間を定めなかったのだから，無期契約と推定する。そうすると，それは無期原則から来ているのではないかということかもしれませんが，それは当事者の労働関係を契約として法的に構成する場合の意思解釈の問題として私は理解したいということです。

米津（司会）　よろしいですか。

● 非正規雇用利用に伴うモラルハザード

和田（名古屋大学）　ちょっと視点が違いますが，米津先生もご存じのように，2010年にドイツの法曹大会の労働法・社会保障法部会でボン大学の（ライムント・）ワルターマン教授が「標準的労働関係との決別か」という報告をされました。

先日，日独労働法協会のシンポジウムに彼にも来ていただいたのですが，ドイツ労働法は，日本の捉え方とは若干違います。彼によれば，今，ドイツでは，標準的労働関係からの決別が非常に進んでいます。

先ほどミニジョブの話が小西先生から出ましたけれども，ミニジョブが非常に増えていることによって，ドイツでは，それが低賃金や貧困問題になっています。あるいは，厚生年金を受け取れない人たちが非常に増えてきています。しかし，それは社会に対して非常に大きな負担をかけています。派遣労働者が増えてきているけれども，やはり同じような問題が生じています。

安い労働力を利用するという視点からだけで，物事を捉えていってはいけないという発想があって，労働法，社会保障法という連続性の中で，どういう雇用が標準的なモデルになるべきなのかということを論じています。その標準的労働関係は，直用であったり，フルタイムであったり，期間の定めのない雇用です。

そういうモデルを中心に，ドイツも日本も，労働法や社会保障法を形成してきたわけです。なぜ25年間雇用され保険料を払い続けないと年金をもらえないのかといったら，やはり長期雇用したことを前提に，システムができているわけです。

しかし，他方で，産業によってはパートタイム労働者をたくさん雇っています。そして，これが社会保険の適用の要件を満たさないことによって，その産業あるいは企業は，労働力を利用していながら，本来払うべき社会保険料を免れています。しかし，正規の労働者を雇っているところは，そういう保険料をきちんと負担しています。現

実に，こういう不合理な問題が出てきています。

また，労働者から見ると，「私は保険を払ってもらわなくてもいい。手取りで全部もらったほうがいい」という一種のモラルハザードを起こすような雇用形態を認めていいのかどうか。私は，100％カバーできるとは思いませんけれども，将来を考えると，労働力を利用している人たちは，それに対してきちんと必要な社会保険料の負担をすべきだと考えています。

そして，労働者についても，自分の働いていることに対してきちんと社会的な負担をすべきです。こうしたモデルを築かないと，どこかにほころびが出てきます。そういう視点で今日の有期雇用の問題は捉える必要があるということを非常に強く感じます。

その基本的な考え方が，皆さんの議論の中であまり出てこないのが，私は非常に残念だったので，最初のような質問をしました。

契約の自由との関係の問題は非常に重要です。例えば，今回の労働契約法の改正や（労働者）派遣法の改正で登場した労働契約締結のみなし制については，採用の自由を重大に侵害するもので憲法上許されないという議論も，労働学者の中にあるわけです。そういう問題に対して，きちんと答えなければいけません。営業の自由を，あるいは採用の自由を強調するかたちの議論が出てくるわけです。

1990年代の日本の労働法政策は，残念ながら，有田先生が言ったような27条論を前提としたものではありません。そういう矛盾をどのように考えるのかということをきちんと分析しないと，ディーセント・ワークに沿ったような雇用政策や労働政策はきちんと提案できないということを私は考えているので，最初にそういう質問をしました。

しかし，残念ながら，「雇用の質」という言葉で抽象的に答えられたので，私は，そこについては非常に不満です。なぜディーセント・ワークということを今強調しなくてはいけないのかという点を，今日の雇用政策の問題から明らかにすべきではないかと考えて質問しました。

米津（司会） ありがとうございました。

有田（西南学院大学） 今の意見に対して，別に反論というわけではありませんが，私の考え方に誤解を招かないように補足させていただきます。今，和田会員が言われたような意味で，日本の社会に存在する構成員として労働力を利用しながら負うべき負担を回避することが許容される今の社会の制度の有りようが問題だというのは，私もまさにそうだと思います。

それを，標準的な労働というタイプを原則ベースに置きながら，そこへ持っていくという方向性だけで考えていくべきかということについては，私も違う考えを持っています。

例えば，有期と派遣の働き方自体をディーセントにしていくことは，この戦略自体が，基本的にそういう負担を回避するという行動を抑止するというか，止めるとい

う意味合いを持っていると私は理解しています。

ストレートに答えるようなかたちにはならないかもしれませんけれども、どれか一つということではなく、それぞれがディーセントになっていくことによって、先ほど言ったような社会全体としてのモラルハザードとかの回避行動を避けて社会的な統合を図っていく、つまり、経済学で言えば、合成の誤謬のようなものを防ぐことが可能になるのではないか、という意識で私の本日の報告は組み立てています。

● 均衡処遇違反の性格、請求における法的構成

米津（司会） それでは、もう一つの論点、均衡処遇の問題です。これについて、何かご意見ありませんか。

川口（関西大学） 関西大学の川口です。多分、ほかの人も聞きたいと思いながら聞いていない論点ではないかと思います。沼田（雅之）先生が報告された中で、合理性があるかどうか、あるいは不合理であるかどうかの証明責任分配と、不合理であると判断された場合の、事実行為であれば、不法行為で損害賠償請求できるという点は理解できると思います。

ただ、法律行為について、例えば契約内容について無効とするというのは、何から導くのかということで、沼田先生は公序を持ってこられましたが、公序でなくても、信義則違反でも導くことができると思います。多分、契約内容無効のほうは、比較的解説しやすいと思います。

では、具体的に契約内容を補充するのはどうすればいいかということについては、沼田先生は、「労基法第13条の効果が適用ないし類推適用される」とのことですけれども、その見解を採られた理由をもう少し説明していただけると、会場の方も納得される気がします。

沼田（法政大学） ご質問ありがとうございます。ある意味、労働条件の格差が不合理だとされたときに、当然比較対象である労働条件が不合理とされた有期労働契約の労働者に適用されていかなければ、いわゆる是正ができないわけです。その是正という部分を考えたときに、なぜ「労働基準法第13条」を使ったかは、別のアプローチもあると思っていると思います。

しかし、私は、労働契約法ができる前から、「労働基準法第13条」という規定が、非常に労働法的な補充効果というか、適正であるところにものすごく意義があると考えています。

では今、公序の問題を考えたときに、日本の労働法制は労働基準法から出発してきているわけで、その中でさまざまな公序論や信義則が考えられてきているわけですから、そういった議論を切断して、別な補充的効果の法的根拠を導き出すよりは、一連のこれまでの労働法制の流れの中でこの問題を捉えていくことのほうが、同一（価値）労働同一賃金を中心とするの均等待遇、均衡処遇の問題については大切なのではないかという思いで解釈の基準としました。

米津（司会） 今の論点に関してご意見ありますか。これは、2年前の大シンポ

シンポジウムの記録

（ジウム）でも相当議論になった部分かと思います。いかがでしょうか。2年前の議論を一応踏まえたうえでの報告であったかとは思います。

川口（関西大学）　何回も発言してすみません。ちょっと私の思い付きですけれども，ただ，割と多くの場合は，就業規則に規定があったり制度があったりすると，その部分の例えばいわゆる無期契約の人にだけ適用されるという条項を部分的に無効にしたり修正した後で適用するというように，就業規則の一部変更で合理的に解釈するとか，あるいは，契約内容を信義則に即して合理的に解釈するとかでも，対応できるのではないかと思いましたが，それでできない場合もあるのかもしれないので，そういう「労基法第13条」という考え方もあるのかというかたちで質問しました。

沼田（法政大学）　直接の答えになるかというのは難しいところもありますが，例えば賃金とか，いわゆる定量的に計れるいろいろなものに関しては，先生が言われているようなかたちで補充的な効果を認めていくこともありだと思います。

報告の中では本当に少しですから描かれていませんが，この有期労働契約の労働者と，無期労働契約の労働者との間の処遇格差の，実は見えざる一番大きな問題は，私は教育訓練にあると思っています。この教育訓練が，必ずしも定量的に数字で表せるものではない。

私は，「労基法第13条」を用いてという延長線上には，例えば，無期労働契約に適用されている教育訓練の内容を受ける地位の確認ができるのではないかと思っています。これは，是正請求の延長線上でということです。

そういうことも少し射程に入れながら，「労基法第13条」の問題でも，少し使っているということが……。つまり，単なる就業規則とかの既存のあるものを，効果を有期労働契約の中にも提供するという話は，例えば，有期の教育訓練というのは，必ずしも就業規則の中で明示的にされているケースばかりはないと考えているので，その点を考慮して議論させていただいたということです。

米津（司会）　2年前の大シンポでは，フロアーからの質問として豊川会員から是正義務の確認請求が可能かという議論があり，それに対して報告者から消極的な返答がなされたと記憶しています。

今日の沼田会員の報告については，それについては積極的に考えていこうという趣旨かと思います。この点に関して，いろいろ議論はあると思いますが，いかがでしょうか。

● 均衡処遇違反における処遇の合理性の評価基準

米津（司会）　よろしいですか。合理性の評価基準についての質問があったと思いますが，それについて沼田会員。

沼田（法政大学）　具体的なことは言われていないのではありませんか。

青野（明治大学）　合理性評価の基準について，何らかのお考えがあるかということです。

沼田（法政大学）　もう少しちょっと，どういうことをお聞きしているのかがわからないので，具体的に言っていただけると助かります。

青野（明治大学）　実務的にも，非常に大きな論点だと思います。不合理な労働条件を禁止している法規定において「不合理な」という評価の基準をどう設定するか。それについて。

沼田（法政大学）　これは報告の中でも触れていたと思うのですが，私は，不合理性というのが，「労契法（労働契約法）第20条」等で示された職務内容等を中心とする諸要素によって，合理的に説明できない労働条件のことであると理解をしています。

つまり，実際に具体的な説明ができるかどうかということが基準となると思っています。ちょっと抽象的な話かもしれませんけれども，私は，そこが出発点なのではないかと理解しています。

青野（明治大学）　この点について，毛塚先生，お願いいたします。

毛塚（中央大学）　雇用形態差別に関して，私は，以前から平等原則からアプローチをすべきと考えていますので，今日の公序論からの接近にはどちらかといえば消極的です。労契法20条の不合理な労働条件の相違の禁止も基本的にこの平等原則に基づくものと理解すべきと思っています。

平等原則から言えば，使用者は企業組織の構成員たる従業員に対して，まず，合理的理由がある場合は別として，原則的に同一規範を定立し運用すべき義務を負うといえますので，処遇に関しても，原則，同一の処遇原則をとることが求められます。したがって，有期契約労働者に無期契約労働者と異なる処遇制度をとるのであれば，なぜ，異なる処遇制度をとるのか，その合理的理由を説明することが求められるし，あるいは異なる制度をとることに合理性が認められるとしても，乗り換えることができないとすれば，なぜ互換性がないのかを説明することが求められる。さらに，平等というのは同一の生活空間に定着すればするほど強化される生活感情ですので，平等原則には，規範内容調整義務が含まれていると考えています。従って，制度自体に合理性が認められる場合であっても，職務や時間との比例的均衡性を欠かないことが求められるので，もし，職務内容や勤続を考慮して均衡を失していれば，その合理的理由を説明すべきことになる。このように，雇用形態の相違による処遇格差については平等原則に基づき合理性判断を行うべきではないかと指摘してきました。そして，20条の合理性の判断についても，このような平等原則の階層的構造を踏まえて行うのが望ましいのではないかと思っています。

従って，先ほどの教育訓練の話についても，有期契約労働者に教育訓練の機会を与えないとすれば，なぜチャンスを与えないのか，その合理的理由が求められるし，また，契約締結時には与えないことに合理的理由があり，本人も納得としていたとしても，時間的経過のなかで企業組織の生活空間に同化し内部化すれば，なぜ職業的能力を伸ばすチャンスをくれないのかと不満を

持つようになるというのが平等感情ですから、いつになっても職業的能力を開発する機会を与えないとすれば、その合理的理由が求められる。このように、私は、20条を平等原則の観点からの不合理な労働条件の相違の禁止と考えて合理性判断を行えばいいと思っています。

　米津（司会）　ありがとうございました。では、川田会員。

　川田知子（中央大学）　中央大学の川田です。沼田先生の報告の中で、「職務分析・職務評価を前提とする同一労働同一賃金原則が、ある種の効力として成立をしている、とみるのは困難だ」という発言がありました。この点について、日本では同一（価値）労働同一賃金の判断が難しいということで、厚生労働省が職務分析・職務評価実施マニュアルを作成・公表しています。

　これに関しては、以前、弁護士の先生たちの学習会で、「労働者側が、自分の労働が誰と同じなのかについて自分自身で証明することは難しく、研究者でなければできない。そんなことはなかなか難しい」とおっしゃっていました。そこで、職務分析・職務評価の在り方等について、沼田先生の考えをお聞きできればと思います。また、職務分析・職務評価については、林（弘子）先生や、浅倉（むつ子）先生にご発言いただければと思います。

　沼田（法政大学）　大変ありがとうございます。実は、川田会員とのいろいろな議論を通じてお話しさせていただきましたが、私は、確かに詳細な職務分析・評価分析を通じて、価値判断をするということが

法的な規範として成立しているとは、まだちょっと考えにくいと思っています。

　少なくとも、私は、今年の今回の発表で、「同一労働同一賃金という部分に強い公序性」と言ったのが、そもそもそこら辺もこれまで曖昧で、いったい何が規範として確立しているのかがよくわからない状況だったので、少し整理したいという思惑がありました。

　それは置いておくとしてですが、ただ、そうはいっても均衡処遇のルールの部分も、私はある種の公序が成立していると考えていて、いわゆる同一価値労働同一賃金原則の問題が争われたときに、川田先生と言っていることが逆になるのかもしれませんけれども、労働者側の立証の手段として、そういうようなものが考慮要素の中で検討される余地は、私はあると思っています。そこまでは排除されていないと思っています。

　つまり、詳細な職務分析等を行って、労働者側の一つの立証、つまり不合理だということの一定の立証がなされて、それに対して使用者側が有効な合理性の立証ができなければ、場合によっては、これも「労契法第20条」違反だというふうに捉え得ることは、私は可能ではないかと思っています。

　米津（司会）　はい、いかがでしょう。

　緒方桂子（広島大学）　広島大学の緒方です。労契法20条につきまして、立証責任の分配との問題も絡めて考えをお聞きしたいと思っています。同条によりますと、業務の内容、責任の程度、人材活用の仕組みが中心的な考慮要素として挙げられています。しかし、このうち人材活用の仕組み

については，労働者の側からの立証が特に難しい事項ではないかと思っています。

つまり，人材活用というのは，企業の人事政策あるいは経営判断に基づいて行われるものですから，比較対象とする無期労働契約者の人材活用が具体的，現実的にどのようにされているか，そしてそれを理由としてどの程度の格差をつけるべきと考えられているのかということは有期契約労働者の側では立証が難しいように思います。

そうすると，法的に何か具体的に根拠付けて考えているわけではありませんが，例えばこういう考え方ができるのではないかと思っています。つまり，職務の内容と責任の程度がある程度同一であること，そして，労働条件に格差があることを労働者側が立証すれば，それによってその差が不合理であることを一応推認する。これに対して，会社のほうが人材活用の異同やその他の事情，そしてそれに照らしてその差が合理的なものであることを反証すれば，先の一応の推認が覆されるという立証責任の分配の方法が考えられないかと思っています。

この点について，もちろん沼田先生のほうからお答えいただければと思いますが，会場の先生方には，弁護士の先生方等たくさんいると思いますので，そちらからまたご意見をいただければありがたく思います。

米津（司会）　はい，いかがでしょうか。

沼田（法政大学）　ありがとうございます。正直言いますと，人材の活用の仕組みは，労働者側からは知り得ないという視点が指摘をされていたことは承知していますが，本当なのかなというところがあります。例えば，日本郵便逓送事件では，いわゆる無期労働契約の雇用と有期労働契約の間の人の配置転換の格差は，過去にほとんど1年しかないというような状況では見えてこないと思います。

一方で，例えば，頻繁に配置転換が行われているような会社であれば，その点は，比較的可視化されているのではないかと思っております。

緒方（広島大学）　もちろん，異同が契約上明確な場合であって，比較対象となる無期労働契約者について頻繁に配置転換が行われておれば，使用者はこのように違うと主張するのだと思いますが，気にしているのは，その違いと格差の程度のバランスが合っているか，ということの立証です。

米津（中央大学）　この点に関していかがでしょう。よろしいですか。それでは，突然で恐縮ですが，厚労省の研究会において座長をされ，また企画委員長としてこの間，われわれの議論にも参加いただいた鎌田（耕一）先生，もし感想があれば。なければ結構です。

鎌田耕一（東洋大学）　東洋大学の鎌田です。突然の指名で，頭が真っ白でつい立ち上がってしまいました。ご指名いただきありがとうございます。

このチームの研究に，企画委員長の立場で何回か参加させてもらいました。非常に私としても勉強になりました。また，それぞれの担当者の考えも私なりに理解していたつもりですが，今日，改めて聞いて非常に学ぶことが多いと思いました。

シンポジウムの記録

私個人としては，今日の成果といいますか，これから考えていかなければいけないと思っていたことを少し指摘して，私の感想としたいと思います。

一つは，唐津さんのもう一つの契約論ということで，有期に関する契約論についていろいろ基本的な視座を据えて考えていかなければいけないということで，これは非常によくわかります。

無期転換について，労働条件変更権に位置付けるという視点で言われています。特に議論もありませんでしたが，ただ，私はずっとこの問題を考えて，派遣のときもそうですが，有期から無期に転換することを，やっぱり契約成立論というか，合意論の視点からみることが非常に重要ではないかと思っています。

例えば，派遣のみなしの問題というときに，特に研究者からは直接聞きませんでしたが，経営者たちからは，採用の自由に反するという批判を，本当に何度も何度もなされたということもありました。

だから，唐津さんのいう労働条件変更権という位置付けと，承諾みなしを，契約成立擬制あるいは，契約締結強制という観点からこの問題を少し検討してみたいというのが，私の考え方です。そういう意味では，唐津先生の問題提起は，私の関心をより深めるものでした。

そうすると，先ほど来話題になりました「申込み」，例えば，労働者側からの「第19条」の申込みをどう解釈するのか。そういったような問題にも関係してくるのではないか。ということをいろいろ考えながら聞

いておりました。本当にありがとうございます。

米津（司会）　ありがとうございました。宮里会員どうぞ。これでフロアからの最後の質問としたいと思います。

宮里（弁護士）　緒方会員の質問について，実務家として意見を言いたいと思います。「第20条」の条文構成を見る限り，立証責任がどこにあるかというのは，解釈がはっきりしません。

施行通達もいろいろ述べていますが，結局立証責任がどこにあるかということについて言及を避けています。どう考えるかということですが，立証責任を考えるときに一番重要なのは，立証責任の公平な負担ということだと思います。公平な負担の内実は何かというと，立証するテーマについてアプローチできるのは誰なのか，情報を持っているのは誰なのかということが基本だと思います。

職務の内容とか責任の程度は，労働者としてある程度確かめる手もあります。しかし，全体の状況を把握できないわけです。こういう情報は，使用者が容易に立証できます。ですから，私は，「第18条」の立証責任論としては，職務の内容とか責任の程度などの諸事情によって不合理ではないという立証責任を使用者が負っていると考えるべきだと思っています。

● 各報告者から

米津（司会）　はい，ありがとうございます。それでは最後に報告者のほうから1人ずつ，発言をお願いします。

有田（西南学院大学）　和田会員とのやり取りで，私の言いたいことはほぼ言いましたので大丈夫です。

唐津（南山大学）　先ほどフロアから従業員を正社員と準社員と非正規というように区分しておいて，これらの間で整理解雇における整理順序に差をつければよいという趣旨の発言がありました。それは，あくまでも解雇する側の論理でありまして，それを法的にチェックするのがわれわれの役割です。どのような雇用管理をやっているかは使用者の自由ですが，その雇用管理の正当性を問いたい。そのための論理の構築に励んでいるところであり，解雇の客観的合理的理由とか社会的相当性はそこで議論すべきものであります。そういった法規制があるということを，うちはこのような雇用管理をやっている，これが正しいのだということではない，という点を法的な観点からは強調したいと思います。

沼田（法政大学）　私からは一点だけ，ちょっと補足めいた話になってしまいます。今回の「労契法第20条」の規定の中で，画期的とまでは言いませんが，これまでのパートタイム労働法との比較をしたうえで，「労働契約法第20条」らしさというところが，恐らく比較対象が通常の社員という，いわゆる正社員ということに限定されないで比較対象としているというところが大きなポイントであろうかと。

多様な正社員という概念とどのぐらいのかかわりがあるのかというのは，今後の検討課題にさせてもらいたいと思いますが，その辺が，私としては大きなポイントだと思っています。

小西（明治大学）　ありがとうございました。先ほど和田会員からご指摘いただいたドイツの議論は雇用保障と社会保障の関係を問うテーマであり，私にとっては非常に重要なテーマだと思いますし，これから勉強していきたいと思っています。

これらを総合的に生活保障として考えようとしているのは宮本太郎さんですが，お話を伺える機会が来年の春のミニシンポで菊池（馨実）会員を含めて企画されていると伺っていますし，あと，社会保障法学会のほうでも，脇田会員がこのテーマについて企画をされていますので，そういう機会をとらえて，また勉強を深めていきたいと思っています。ありがとうございました。

青野（明治大学）　どうもありがとうございました。これで終了いたします。

（終了）

回顧と展望

2012年高年齢者雇用安定法改正の意義と問題　　　　　　　　　　　　　山川　和義
添乗員に対する事業場外労働のみなし制の適否　　　　　　　　　　　　金井　幸子
　　――阪急トラベルサポート（派遣添乗員・第3）事件・
　　東京高判平成24・3・7労判1048号26頁――

2012年高年齢者雇用安定法改正の意義と問題

山 川 和 義

(三重短期大学)

I はじめに

　1986年に制定された高年齢者雇用安定法(以下,高年法)は,事業主に対して,60歳未満の定年年齢の定めを禁止し(8条),65歳までの安定した雇用確保の措置(高年齢者雇用確保措置)の実施を義務づける(9条1項)。高年齢者雇用確保措置には,定年の引上げ(同条1項1号),継続雇用制度(現に雇用している高年齢者が希望するときは,当該高年齢者を定年後も引き続いて雇用する制度をいう)の導入(同2号),定年の定めの廃止(同3号)の措置がある。これらは,高年齢者の安定した雇用の確保の促進という趣旨から,原則として希望者全員を対象とする。しかし,継続雇用制度の導入においてのみ適用対象を限定する基準を労使協定によって定めることが許されてきた(改正前の9条2項,以下旧9条2項。以下,対象基準制度という)。対象基準制度を導入している企業は多く,そのため,高年齢者雇用確保措置が実施されている企業においても,必ずしも希望者全員の雇用が確保される状況にはなかった。[1]

　そこで,2012年8月29日に高年法が改正され(同年9月5日公布,2013年4月1日施行,以下,改正法),希望者全員の雇用確保を実現するために,継続雇用制度の対象基準制度の廃止等の改正が行われた。以下では,高年法改正の経緯とその内容を概観し,それぞれの意義と問題点を検討する。

---

1) 「平成24年『高年齢者の雇用状況』集計結果」によると,高年齢者雇用確保措置実施企業(97.3%, 136,561社)のうち,継続雇用制度の導入企業は82.5%,そのうち対象基準制度の導入企業は57.2%と6割近くを占める。

II 改正の経緯

　改正法は，①少子高齢化が急速に進展する中，労働力人口の減少への対応として，全員参加型社会の実現の一翼を担う高年齢者雇用の確保，②2013年度から始まる公的老齢年金の報酬比例部分（以下，公的年金とする）の支給開始年齢の段階的引上げにより，無年金・無収入の者が生じるおそれがあることに対応することを目的とする。この目的達成のため，希望者全員に対する高年齢者雇用確保措置の実施が必要とされ，その実現のために，対象基準制度の廃止という方法が採られた。なお，現段階での定年延長（法定定年年齢の引上げ）の検討については，企業の労務管理への影響や労働者の働き方へのニーズの多様性から，労使とも反対した。また，高年齢者の雇用確保を拡大強化することによる若年者雇用への影響の有無が問題となるが，立法者としては若年者雇用対策の強化は別途行う旨が説明されている。

III 改正法の内容

　主な改正内容は，労使協定による継続雇用制度対象基準制度の廃止，継続雇用制度の雇用確保先の拡大，実効性確保のための企業名公表制度の導入である。

---

2) 2013年4月1日に61歳に引き上げられ，2025年4月1日には65歳へと段階的に（3年ごとに1歳）引き上げられる。
3) 2012年11月9日職発1109第2号「高年齢者等の雇用の安定等に関する法律の一部を改正する法律等の施行について」。
4) 濱口桂一郎「高年齢者雇用法政策の現段階」季労236号（2012年）197頁，山川和義「今後の高年齢者雇用対策についての建議とその法的課題」季労236号（2012年）107, 108頁等参照。
5) 第180回国会衆議院厚生労働委員会会議録第16号（2012年7月27日）参照。
6) 改正法については，山口大輔「少子高齢化に伴う高年齢者の雇用に向けた国会論議」立法と調査334号（2012年）32頁，山川和義「高年齢者雇用安定法の改正」法教388号（2012年）等参照。

1　労使協定による継続雇用制度の対象基準の廃止（旧9条2項の削除）

(1)　対象基準制度の廃止

継続雇用制度の導入という選択肢は，同措置が法的に義務づけられた2004年高年法改正時に企業の実情に応じた雇用確保を実施しやすくするための選択肢として導入された。そのため，継続雇用制度にのみ，労使協定という形で労使の話し合いが反映される対象基準制度（旧9条2項）が設けられ，多様な基準の設定が許容されていた。なお，対象基準は勤務延長や再雇用の基準であるため，解雇の有効性判断基準（労契法16条）とは異なるものであった。

改正法は，雇用と年金の接続を実現するためにその障壁となりうる対象基準制度を廃止した。これにより，高年齢者雇用確保措置はいずれも希望者全員の雇用確保を実現する内容のものとなり，希望者全員雇用の原則が法定化されたといえる。高年法上は雇用と年金の接続が完了したと評価できる。

もっとも，実務への影響を考慮して，対象基準制度の廃止は公的年金支給開始年齢の引上げに合わせて段階的に行われる（2013年4月1日以降61歳以上のみが対象，2025年4月1日に完全廃止，附則3条）。なお，この経過措置が受けられるのは，「この法律の施行の際現に」対象基準制度を適法に行っている事業主に限られる。

(2)　継続雇用しないことができる事由

希望者全員の雇用確保が原則となったとはいえ，すべての者の雇用確保が要請されるわけではない。そのため，継続雇用拒否の正当事由（以下，拒否事由）の内容が問題となる。そこで，厚生労働大臣が高年齢者雇用確保措置の実施及び運用に関する指針（以下，指針）を定めるものとし，その中で拒否事由についても規定されることとなった（9条3項）。

指針（2012年11月9日厚生労働省告示第560号）によれば，心身の故障のため業務の遂行に堪えられないと認められること，勤務状況が著しく不良で引き続き従業員としての職責を果たしえないこと等就業規則に定める解雇または退職事由（年齢にかかわるものをのぞく）に該当する場合には，継続雇用しないことができる（指針第2の2）。また，事業主は，これと同一の事由を，拒否事由として，解雇または退職事由とは別に就業規則に規定できる。さらに，指針は，

「継続雇用しないことについては，客観的に合理的な理由があり，社会通念上相当であることが求められると考えられることに留意する」とし，継続雇用しないことは，解雇と同様に扱われるべきと考えているようである。

2 継続雇用制度の雇用確保先の拡大

(1) 当該企業以外での雇用確保の継続雇用制度該当要件

65歳までの雇用確保を実現するにあたり，当該企業単独での雇用確保が経済的事情により困難な場合もありうる。そこで子会社やグループ会社への転籍も継続雇用制度に該当するのかが問題となっていた。これは継続雇用確保先の範囲の問題であるが，改正前の高年法はこの点をなんら規定していなかった。そこで，改正法は，対象基準制度の廃止によって生じる事業主負担，すなわち，希望者全員雇用によって従来よりも継続雇用対象となる労働者が増加することに伴うコストの緩和のため，明文の規定で特殊関係事業主における雇用確保が継続雇用制度に該当する要件を規定した（新9条2項）。

定年到達者を雇用していた当該事業主以外での雇用確保が継続雇用制度と認められるには，特殊関係事業主での雇用確保であること，そして，両者の間に，当該事業主の雇用する継続雇用希望者を「その定年後に当該特殊関係事業主が引き続いて雇用することを約する契約を締結」している必要がある。

(2) 特殊関係事業主

特殊関係事業主とは「当該事業主の経営を実質的に支配することが可能となる関係にある事業主その他の当該事業主と特殊の関係のある事業主として厚生労働省令で定める事業主」をいう（新9条2項）。そして，ここにいう厚生労働省令（2012年11月9日厚生労働省令第154号）により改正された高年法施行規則4条の3第1項によると，特殊関係事業主とは，子法人等（同項1号），親法人等（同2号），親法人等の子法人等（同3号），関連法人等（同4号），親法人等の関連法人等（同5号）とされ，詳細な定義がある（「高年齢者雇用安定法Q＆A（高年齢者雇用確保措置関係）」（以下，新Q＆A）Q5-1も参照）。

特殊関係事業主のうち，事業主が親法人等となるには当該他社の意思決定機関を支配しているといえることが（施行規則4条の3第2項），また，事業主が

他社を関連法人等とするには，当該他社の営業または事業の方針の決定に対して重要な影響を与えることができるといえることが要求される（同条第4項）。具体的には，規則の文言の共通性から（文言そのものは異なる）会社法上の定義（親会社および子会社（会社法施行規則3条），関連会社（財務諸表等規則8条5項，6項））とほぼ同旨の内容と考えられる。これらは主に議決権所有割合によって定められ，労働法における使用者性の議論との関連性はない。

(3) 継続雇用契約

そして，特殊関係事業主における雇用確保が定年退職者を雇用する事業主の継続雇用制度と認められるためには，両者間で当該労働者を「その定年後に当該特殊関係事業主が引き続いて雇用することを約する契約を締結」している必要がある。これは，特殊関係事業主での雇用確保を確実にするためのものだが，これを法的にも確実なものとするために，その法的性格は継続雇用を希望する者が定年退職して元の事業主との労働契約が終了することを停止条件とする事業譲渡契約と解すべきである。というのは，そう解することで，定年退職後の不当な再雇用拒否の際，当該労働者は特殊関係事業主に対して，継続雇用（特殊関係事業主における採用）請求という形をとらずに，労働契約上の地位確認請求が認められうると考えるからである。

3 企業名公表制度の導入

高年齢者雇用確保措置を実施しなかった事業主に対する行政上の制裁として，厚生労働大臣による必要な指導，助言，勧告（10条1項，2項）に加え，企業名公表制度が設けられた（新10条3項）。また，同義務違反を改善しない事業主に対しては，さらに公共職業安定所での求人の不受理・紹介留保，助成金の不支給等の措置を行われる（2012年11月9日厚生労働省告示第559号）。他方，これに関する私法上の効果については規定しなかった。

Ⅳ 改正法の意義と問題点

1 対象基準制度の廃止

　改正法による対象基準制度の廃止によって，高年法上は雇用と年金の接続が完了したと評価できる。これは，経済上の理由で就業継続意欲が高くなっている高年齢者の雇用の確保[7]，定年後の無収入・無年金者発生の回避に有益であり，雇用政策上重要な意義を有する。

　対象基準制度の廃止により，希望者全員雇用の原則のもとでの適法な継続雇用拒否事由の内容が問題となる。高年法は，上述のように，指針で継続雇用拒否にあたり解雇規制と同様の要請が求められると考えられるとする。ところで継続雇用は勤務延長ないし再雇用であり，いかに希望者全員雇用の原則の下においても，この拒否はいずれも解雇ではありえない。そのために，この点指針は「求められると考えられる」という大変曖昧な表現をしたと思われる。継続雇用拒否と解雇との違いにも言及せずに求められるこのような曖昧な要請は，希望者全員雇用の原則実現のための政策上の要請としては首肯しうるが，継続雇用を拒否された労働者が事業主に対してその適法性を争う場合に直ちに適用されるべきものではない。というのは，後述（Ⅳ3）のように，継続雇用制度は就業規則に規定されると，事業主を法的に拘束することとなり，公法上の義務の遵守が実質的に私法上の義務の発生根拠ともなる。そのため，このように継続雇用を拒否できる事由として解雇と同様のものを要請することは，実際は事業主を私法上も拘束する結果となり，曖昧な要請であるにもかかわらず実際上の影響が大きいと考えられるからである。この影響を踏まえると，解雇でないものに同様の規制を及ぼそうとするのであれば，明文の規定で要請すべきであったと考える。

---

7) 高年齢者の就業意欲については，山川・前掲注4）論文104頁以下参照。

2 特殊関係事業主での雇用確保

特殊関係事業主での継続雇用は企業グループでの雇用確保を認めるものであるため、企業グループを形成できない中小事業主はこの恩恵を受けられない。このような事業主の負担緩和は経過措置のみとなるが、その点への立法者の配慮は特にみられない。

雇用確保先の拡大は、単独事業主では雇用確保できない場合に雇用確保を容易にするという点で労働者にとっても有益な面がある。他方、特殊関係事業主は意思決定機関の支配（親法人等）や営業・事業方針の決定への重要な影響（関連法人等）を及ぼす関係の有無によって定義されるため、特殊関係事業主の事業内容や所在地は問われないし、労働条件決定への元の事業主の影響力の有無も不明である。そのため、従前と全く異なる職務内容や海外の子会社での継続雇用も許容される。また、高年法9条1項および2項をみると、元の事業主は雇用確保を行わず、特殊関係事業主のみの場合でも継続雇用制度が導入されたものと解される。そうであれば、これは継続雇用というより再就職斡旋に近く、実質的には定年退職者の再就職先を開拓することと同義と考えられる。そのため、特殊関係事業主のみの雇用確保を元の事業主が引き続いて雇用することを意味する継続雇用制度といってよいのかには疑問がある。

なお、特殊関係事業主の廃業等により雇用確保ができなくなる場合もありうるにもかかわらず、その際の元の事業主の雇用責任についてまったく規定がないため、高年齢者の雇用確保の実効性に問題が生じうる。この点は特殊関係事業主の廃業により失職する高年齢者の元の事業主における雇用確保が可能となるように、立法や解釈によって解決を図る必要がある。[8]

3 実効性確保と継続雇用拒否に関する問題

改正法は9条違反の制裁として企業名公表制度を導入し、行政上の制裁を強化し、義務違反の私法上の効果について言及しなかった。これにより、立法者

---

8) たとえば、立法措置としては、再雇用後1年以内に特殊関係事業主の廃業により失職した高年齢者は元の事業主に復帰するものという内容の契約の締結を9条2項の要件とすると規定すること等が有用と考える。

が9条を私法上の義務規定ではないと明示したと解するかは留保しておきたいが、いずれにせよ、実際に継続雇用拒否の適法性に関する裁判上の紛争が生じている以上[9]、それを解決する方法を正面から検討しないのは、問題がある（指針では不十分であることは上述した）。というのは、9条が公法上の義務規定であるとしても、継続雇用制度は退職に関する事項として就業規則に規定される。9条の要請に応える継続雇用制度は合理的であると考えるべきであり、これは労働契約の内容となり、結果として法的拘束力をもつからである[10]。希望者全員雇用がすすめば、継続雇用拒否に関する法的紛争も多く生じる可能性があり、これは立法者として看過すべき問題ではなかった。

　また、このような就業規則を通じて解決が図られるという法状況では、継続雇用制度をまったく導入していない場合には、対応できない。9条が公法上の義務にとどまると解すると、法を遵守していったん継続雇用制度を導入した場合は労働契約上法的拘束力が生じるが、法に違反してまったく継続雇用制度を導入しなかった場合には、就業規則に継続雇用について争う根拠がまったくないため、当該事業主の元に雇用される労働者の継続雇用の余地がない。現在の高年齢者雇用確保措置の実施状況を見ると、実際にはこのような状況はレアケースかもしれないが、この著しくアンバランスな状況の解決にも正面から取り組むべきであったと思われる[11]。

4　継続雇用後の労働条件

　改正法は継続雇用後の労働条件についてなんら規制をしていない。そうすると、継続雇用後の労働条件の内容によっては、労働者が継続雇用を希望しえな

---

9) 就業規則に再雇用制度が設けられている以上、その基準を満たした労働者再雇用には合理的期待が認められ、これは労働契約の雇止めと同様、再雇用拒否に解雇権濫用法理が類推適用されるとしたものとして、フジタ事件・大阪地判平23・8・12労経速2121号3頁。本件では再雇用拒否に合理的理由があるとして、労働契約上の地位確認請求は棄却されている。この点については、原昌登「高年法に基づく継続雇用制度をめぐる判例の整理とその課題」季労236号（2012年）113頁参照。
10) 労契法7条、電電公社帯広局事件・最一小判昭61・3・13労判470号6頁参照。
11) 9条1項違反の私法上の効果については、山川和義「高年齢者雇用安定法9条1項違反の私法上の効果」日本労働法学会誌114号（2009年）8頁参照。

い場合も生じうる。特に，特殊関係事業主での継続雇用では，職務内容も勤務地も大きく変更されるおそれがありうる。指針は，継続雇用される高年齢者の就業の実態，生活の安定等を考慮し，適切なものとなるよう努めることとし，新Q＆A5-4は，特殊関係事業主においても，高年法の趣旨に反することのないよう，合理的な裁量の範囲での労働条件の提示を求めているが，やはり，これらの要請も法的拘束力をもっているとはいえない。希望者全員雇用の実現により法目的を達成するためには，労働条件についてもなんらかの規制が必要と考えるべきであろう。たとえば，労働者の就労意思をそがせ，現実に多数の者が退職するような制度は，違法な継続雇用制度と解すべきである。[12]

V おわりに

本稿では，主に改正法の内容につきその意義と問題点を指摘し，若干の検討を行った。改正法後も検討されるべき重要な問題としては，本稿でも触れたが，継続雇用（特に再雇用拒否）の紛争解決ルール，継続雇用後の労働条件規制のあり方等がある。これらは，元の事業主の継続雇用と，労働者が定年までまったく関係を持たなかった特殊関係事業主での継続雇用とでは異なる状況にあり，別途検討が必要と考えられる。さらに，有期契約労働者に対する高年齢者雇用確保措置実施の是非等があるが，紙幅の都合上，問題の指摘にとどめたい。[13]

改正法により雇用と年金の接続が進むのか，あるいは，逆に労働者が希望できない継続雇用制度が増加し，結果的に切断されるのかは，上述の問題の十分な検討にかかっており，これらは直近の検討課題としたい。

（やまかわ　かずよし）

---

12) 協和出版事件・東京高判平19・10・30労判963号54頁，山下昇「継続雇用制度とその対象となる高年齢者に係る基準をめぐる法的問題」日本労働法学会誌114号（2009年）25頁，26頁。
13) これらについては，山川・前掲注6）論文参照。

添乗員に対する事業場外労働のみなし制の適否
―― 阪急トラベルサポート（派遣添乗員・第3）事件・
東京高判平成24・3・7労判1048号26頁 ――

金　井　幸　子
（愛知大学）

I　事実の概要

　X1〜X6（原告，控訴人・被控訴人）は，添乗員派遣会社であるY（被告，控訴人・被控訴人）に登録型派遣社員として雇用され，旅行会社である訴外Aに派遣添乗員として派遣され，Aが主催する募集型企画旅行（海外ツアーまたは国内ツアー）の添乗業務に従事していた。
　Xら添乗員の業務には，出発日前の書類等の確認や打ち合わせ，ツアー中の参加者の観光地や宿泊施設での誘導，案内，質問・相談への対応，ツアー終了後の精算報告業務，添乗日報の提出などがあり，海外ツアーでは，空港での手続や案内，飛行機搭乗後のツアー参加者への対応，ツアー中の通訳，食事の際の手助けなども行う。添乗員は，指示書，最終日程表，行程表に沿って旅程管理業務を行っており，ツアー中は携帯電話を所持し常に電源を入れておくこと，添乗日報を作成して報告することをAから指示されていた。
　YがXら派遣添乗員を雇用する際に作成した派遣社員就業条件明示書には就業時間は午前8時から午後8時までと定められているが，実際の始業・終業・休憩時間については派遣先の定めによるものとされ，具体的には添乗業務の円滑な遂行に資するように添乗員が自己責任において管理することができるとされた。また，時間外勤務および休日勤務はないことが定められていた。添乗員の賃金（日当）はYによる査定に基づいて支払われたが，その支払明細書には，割増賃金が支給されていることを示す記載はなかった。
　Xらは，派遣添乗員には労基法38条の2が定める事業場外労働のみなし制

の適用はなく，法定労働時間を超える部分に対する割増賃金が支払われるべきであるとして，Yに対して未払割増賃金・付加金等の支払いを求めて提訴した。

原審（東京地判平成22・9・29労判1015号5頁）は，Xらの添乗業務は社会通念上「労働時間を算定し難いとき」に該当し，本件みなし制度の適用があるとした上で，Xらのみなし労働時間についてはツアーごとに添乗日報の記載を基準に行程表等も用いて判定し，Yに割増賃金および付加金の支払いを命じた。

これに対して，Xらおよび Yが控訴した。

Ⅱ　判　旨（一部認容，一部棄却）

1　事業場外労働時間のみなし制（労基法38条の2）の適用の可否について

（1）事業場外労働時間のみなし制について

「この制度は，労働者が事業場外で行う労働で，使用者の具体的な指揮監督が及ばないため，使用者による労働時間の把握が困難であり，実労働時間の算定が困難な場合に対処するために，実際の労働時間にできるだけ近づけた便宜的な労働時間の算定方法を定めるものであり，その限りで使用者に課されている労働時間の把握・算定義務を免除するもの」である。「そして，使用者は，雇用契約上，労働者を自らの指揮命令の下に就労させることができ，かつ，労基法上，時間外労働に対する割増賃金支払義務を負う地位にあるのであるから，就労場所が事業場外であっても，原則として，労働者の労働時間を把握する義務を免れないのであり（労基法108条，同法規則54条参照），同法38条の2第1項にいう「労働時間を算定し難いとき」とは，当該業務の就労実態等の具体的事情を踏まえて，社会通念に従って判断すると，使用者の具体的な指揮監督が及ばないと評価され，客観的にみて労働時間を把握することが困難である例外的な場合をいう」。

「本件通達は[1]，事業場外労働でも「労働時間を算定し難いとき」に当たらな

---

1) 昭和63年1月1日基発第1号。これについては，後掲Ⅲ検討1を参照。

い場合についての，発出当時の社会状況を踏まえた例示であり，本件通達除外事例①②③に該当しない場合であっても，当該業務の就労実態等の具体的事情を踏まえ，社会通念に従って判断すれば，使用者の具体的な指揮監督が及ぶものと評価され，客観的にみて労働時間を把握・算定することが可能であると認められる場合には，事業場外労働時間のみなし制の適用はない」。

(2) Aの具体的な指揮監督が及んでいるか否か

「本件添乗業務においては，指示書等により旅行主催会社であるAから添乗員であるXらに対し旅程管理に関する具体的な業務指示がなされ，Xらは，これに基づいて業務を遂行する義務を負い，携帯電話を所持して常時電源を入れておくよう求められて，旅程管理上重要な問題が発生したときには，Aに報告し，個別の指示を受ける仕組みが整えられており，実際に遂行した業務内容について，……正確かつ詳細に記載して提出し報告することが義務付けられているものと認められ，このようなXらの本件添乗業務の就労実態等の具体的事情を踏まえて，社会通念に従って判断すると，Xらの本件添乗業務にはAの具体的な指揮監督が及んでいると認めるのが相当である。」

(3) 「労働時間を算定し難いとき」に当たるか否か

みなし制を設けた趣旨に照らすと，「Aの具体的な指揮監督が及んでいるのであれば，労働時間を算定するために補充的に自己申告たる性質を有する添乗日報を用いる必要があったとしても，そのことをもって直ちに……「労働時間を算定し難いとき」に当たると解するのは相当でなく，Aによる時間管理に関する指揮監督の態様を考慮した上，Aが補充的に自己申告たる性質を有する添乗日報をも用いて添乗員の添乗業務に関する労働時間を把握するについて，その正確性と公正性を担保することが社会通念上困難とは認められないのであれば，……「労働時間を算定し難いとき」に当たるものではない」。

Aは添乗員に対し指示書等により旅程管理についての具体的な業務指示を出し，添乗員はこれに従って実際の旅程管理の状況について添乗日報に記載しており，その内容の合理性は指示書等の記載と対照することで相当程度判断できる。さらに，各ツアーの出発・到着時刻は客観的に把握でき，添乗員の旅程管理については多くの現認者が存在し虚偽の記載があれば発覚する可能性が高

い。添乗日報には指示書等とは異なる記載もあるが、指示書等は様々な要素によって変わり得るものであり、やむを得ないときは旅行日程を変更することもあることから、合理的な理由による変更可能性を有しており、その「不一致をもって、直ちに添乗日報の記載そのものの正確性、信用性が失われるものではない。」また、記載漏れについても、指示書等の記載と対照すればこれらの時刻を相当程度把握することができるから、「添乗日報が添乗員の労働時間を把握するについて補助的に利用する資料として不適格であるということはできない。」

「したがって、本件添乗業務について、労基法38条の2第1項にいう「労働時間を算定し難いとき」に当たるとは認められず、本件添乗業務に事業場外労働時間のみなし制の適用はないと解するのが相当である。」

2　労働時間の算定

「本件添乗業務の内容によれば、……実作業に従事していない時間であっても、ツアー参加者から質問、要望等のあることが予想される状況下にある時間については、ツアー参加者からの質問、要望等に対応できるようにしていることが労働契約上求められているのであるから、そのような時間については、労働契約上の役務の提供を義務付けられているものであって、労働からの解放が保障されておらず、労基法上の労働時間に含まれると解するのが相当である。」そして、航空機による移動時間のうち出発1時間後から到着1時間前まで、就寝時間帯が含まれる鉄道・船舶による移動時間のうち出発の1時間後から到着の1時間前までについては、労基法上の労働時間として認めない。

Ⅲ　検　討

1　本判決の意義および特徴

本判決は、旅行添乗員の事業場外労働のみなし制（労基法38条の2）の適否につき、適用を認めた1審判決を覆し、みなし制の適用を否定している。Yを被告とする同種事件には、本件のほかに第1事件と第2事件があり、地裁判決

では第１事件のみがみなし制の適用を否定していた。しかし，高裁判決では第１事件が地裁判決の結論を維持し，第２事件も本判決と同様の判断をしたため，高裁ではすべての事件で添乗員に対するみなし制の適用が否定された。

　労基法38条の２は，事業場外労働であることと労働時間の算定困難性をみなし制適用の要件とする。労働時間の算定困難性は，使用者の具体的指揮監督や労働時間管理が可能か否かによって判断される。そして，事業場外労働であっても労働時間の算定が困難とは言えない場合にはみなし制は適用されない。これについて行政解釈（昭63・1・1基発1号）は，①労働時間の管理をする者がいる場合，②無線やポケットベル等によって随時使用者の指示を受けながら労働している場合，③事業場において，訪問先，帰社時刻等当日の業務の具体的指示を受けたのち，事業場外で指示どおりに業務に従事し，その後事業場に戻る場合，という３例（本件通達除外事例）については使用者の指揮監督が及び，労働時間の算定が可能であるとして，みなし制の適用はないものとする。裁判例においても，事業場外労働が本件通達除外事例①〜③に該当し労働時間の算定が可能であるとして，みなし制の適用を否定する事例が多い[4]。

　ところが，本件Ｘら国内外ツアーの添乗業務は，事業場外労働ではあるが，本件通達除外事例①〜③のいずれにも完全に一致するものとはいえない。このような場合が「労働時間を算定し難いとき」に当たるか否かが問題となる。従来の裁判例には，「労働時間を算定し難いとき」に当たると判断したものが１件あるが[5]，「労働時間を算定し難いとき」という要件が十分に検討されていない[6]。本判決は，制度の趣旨や目的にも触れ，その要件を詳細に検討している点

---

2) 東京地判平22・5・11労判1008号91頁，東京高判平23・9・14労判1036号14頁。
3) 東京地判平22・7・2労判1011号5頁，東京高判平24・3・7労判1048号6頁。
4) ①につき，ほるぷ事件・東京地判平9・8・1労判722号62頁等，②につき，コミネコミュニケーションズ事件・東京地判平17・9・30労経速1916号11頁，インターネットサファリ事件・東京地判平17・12・9労経速1925号24頁，レイズ事件・東京地判平22・10・27労判1021号39頁等，③につき，サンマーク事件・大阪地判平14・3・29労判828号86頁，光和商事事件・大阪地判平14・7・19労判833号22頁等。
5) 日本インシュアランスサービス事件・東京地判平成21・2・16労判983号51頁。
6) そのため，肯定例としての位置づけは疑問視される（竹内（奥野）寿「事業場外労働のみなし制の適用と労働時間の算定」ジュリ1396号（2010年）176頁）。

で意義がある。また，原判決および第2事件地裁判決はみなし制の適用を肯定しており，本判決とは理論構成も結論も異にするが，その違いを検討することにより，みなし制の適否の判断基準が明らかになるといえる。以下では，本件添乗業務が「労働時間を算定し難いとき」に当たるかという点を中心に検討する(なお，時間外割増賃金額や付加金についても争われているが省略する)。[7]

2 原判決との相違

本判決は，みなし制適用を肯定した原判決とは結論を異にした。この違いは，使用者の具体的な指揮監督が及ぶかどうかの判断をどのように行うかという点と，自己申告たる添乗日報をどう扱うかという点から生じているといえる。

原判決は，労働時間の算定が客観的にみて可能かどうかだけでなく使用者にとって困難かどうかを判断基準とし，本件通達除外事例に従って使用者の指揮監督が及ばず「労働時間を算定し難いとき」に当たるとした。そして，添乗日報については記載にばらつきがあるため時間算定は困難であるとした。このようにして，使用者の指揮監督が及ぶ範囲を限定し，算定困難の範囲を広く捉えたために，みなし制を適用しうる結論となった。第2事件地裁判決もこれとほぼ同じ構成をとっており，それゆえみなし制適用を認める結論となっている。[9]

これに対して，本判決は，労働時間の算定が客観的に困難であるかどうかという基準から，本件通達除外事例によらずに就労実態等の具体的事情を踏まえて社会通念に従って判断することにより，使用者の指揮監督が及び労働時間の算定は可能であるとした。さらに，添乗日報も労働時間の算定に補助的に利用できるとして，みなし制の適用を否定した。本判決では，使用者の指揮監督が及ぶ範囲が広く解されるとともに，自己申告による実労働時間算定も可能であ

---

[7] 本件の評釈として，大橋將「旅行添乗員と事業場外みなし労働時間制の適否関係」労旬1775号（2012年）24頁。

[8] 本件地裁判決について，阿部未央「添乗員と事業場外のみなし制」学会誌119号（2012年）127頁。

[9] 第2事件地裁判決について，梶川敦子「海外ツアー乗務員とみなし労働時間制」ジュリ1420号（2011年）273頁，鈴木俊晴「海外ツアー添乗員とみなし労働時間制」労旬1745号（2011年）62頁。

るとして、算定困難の範囲を狭めたために、みなし制の適用が否定された。

このように、労働時間の算定困難性の判断に際し、使用者の主観的要素を含むのか、本件除外通達事例をどう捉えるか、具体的な指揮監督が及ぶかどうかをどのように判断するかそして自己申告をどう取り扱うかがポイントであり、その根底にはみなし制をどう理解するかの違いがあるといえる。

3 事業場外労働時間のみなし制の適用の可否

(1) 「労働時間を算定し難いとき」の判断基準

まず、本判決は、みなし制を適用するためには、労働時間の算定が「客観的にみて」困難であることを求め、これが例外的な場合に限られることを強調する。原判決のように、労働時間の算定が可能であっても使用者にとっては算定が困難であれば算定困難性が認められることになれば、みなし制を緩やかに認めることになる。しかし、本件判旨が述べるように、使用者には労働者の労働時間を把握する義務があり、労基法38条の2はあくまでもそれを例外的に免除したものであるから、その審査は厳格に行われるべきである。[10]

次に、本件通達除外事例について、原判決は、「労働時間を算定し難いとき」に該当しない主な具体例であるとしてこれに依拠した判断をするが、本判決はこれを「発出当時の社会的状況を踏まえた例示である」として、これにとらわれずに労働時間の算定困難性を判断する。除外事例には該当しないが他の何らかの方法で労働時間の算定が可能な場合もあるといえ[11]、本判決が当該業務の就労実態等に即して労働時間の算定困難性を判断するとしたことは妥当である。

(2) Aの具体的な指揮監督が及ぶかどうか

上記基準のもと、本判決は、Aから交付された指示書等は業務指示を記載した文書であり、変更可能性も合理的な理由がある場合に限られており、トラブルや旅程に変更があったときにはXらはAから携帯電話で指示を受けてい

---

[10] 根本到「事業場外労働のみなし労働時間制の適用の可否」法セ673号（2011年）121頁、和田肇「事業場外労働のみなし労働時間制の適否」労旬1758号（2011年）27頁。

[11] たとえば、前掲注4）サンマーク事件は、除外事例③とは異なる直行直帰の営業社員につき、前日提出の報告書や当日の打合せで上司に把握されていることなどから、みなし制の適用を否定している。

たことから，Xらの業務にはAの具体的な指揮監督が及ぶと判断する。

これに対して原判決は，携帯電話を所持させるならXらの業務内容をAが逐一指示していなければ本件通達除外事例②には該当しない，また，指示書の内容は大雑把で，行程表に記載された予定時間通りにツアーが行われないこともあるから本件通達除外事例③にも該当しないとする。また，第2事件地裁判決も，使用者の指揮命令が細部にまで及ぶことを必要としており，添乗員は直行直帰であることなどから除外事例③には該当しないとする。しかし，実際には，特に海外ツアーの場合は出発や到着が早朝・深夜になることが多いと思われ，そのような場合に出社・帰社を求めてまで時間管理をすることはないであろう。これほどまでに使用者の指揮監督が及ぶ幅を狭く解すると，事業場外労働のほとんどにみなし制が適用されることにもなりかねない。みなし制は労働時間算定の例外であるから，厳格に適用されなければならない。Xらの添乗業務は，行程表にある程度の柔軟性をもたせ，ツアー参加者の状況や航空機等の運航状況などに対応するためにある程度の裁量は認められるが，そのことが労働時間算定を困難とするとはいえない（旅程に変更があった場合でも，次に述べる添乗日報で確認ができるといえる）。したがって，みなし制の適用はないとした本判決の判断は妥当である。

(3) 添乗日報の取り扱い

以上のように解すると，Xらの添乗業務が指示書等に沿って行われたかどうかを確認する必要がある。本判決では，Aの具体的な指揮監督が及んでいることを前提に，自己申告たる性質を有する添乗日報がXらの労働時間を把握するために補助的に利用できるとする。ただし，その正確性と公正性を担保することが社会通念上困難とは認められなければならないとされる。

他方で，第2事件地裁判決も，自己申告制による労働時間算定も例外的に可能であるとしつつも，業務について随時の連絡・指示を受けていないことや労働時間を正確に把握できないということから自己申告では不十分であるとする。これでは，自己申告による労働時間の算定ができる余地はほとんどないことになる。また，原判決も，自己申告を労働時間の算定が困難かどうかの判断要素のひとつとしており，これがどちらの結論をも導き出しうるとする。しかし，

Xらの添乗日報の記載にばらつきがあるから労働時間を把握することは困難であるとしており，自己申告による労働時間の算定は困難であるとする。

　自己申告は例外的な労働時間の管理・算定の方法であるが，これが認められないわけではない[12]。第2事件地裁判決は，自己申告制による労働時間の把握は困難であるとするが，これは適切ではない。たしかに，自己申告は正確性・客観性に欠けることもあろう。しかし，原判決が指摘する添乗日報の記載のばらつきや記載漏れは一般的に起こりうるものであり，それを理由に添乗日報による労働時間の算定が困難であるとするのは合理的でない。本件判旨も述べるように，指示書等と対照すれば労働時間を正確に把握できるし，Xら添乗員の業務は多くのツアー参加者が現認していることなどを合わせ考えれば，添乗日報による労働時間の算定は可能であるといえ，本判決は妥当である。

4　労働時間の算定

　本判決は，最高裁判例[13]を引用し，添乗員は実作業に従事していない時間も労働からの解放が保障されておらず労基法上の労働時間に含まれるとしたが，航空機による移動時間のうち出発1時間後から到着1時間前までと就寝時間帯が含まれる鉄道・船舶による移動時間のうち出発の1時間後から到着の1時間前までについては労働時間として認めていない。大星ビル管理事件最高裁判決は，不活動仮眠時間も，仮眠中に警報や電話があった場合はその対応を義務づけられていれば，実作業への従事が皆無に等しい場合等を除いて，労働時間に当たるとする。本件では，航空機等での移動中もツアー客からの質問・要望などがあればXらがそれに対応することが義務づけられているといえる。したがって，本判決がこの時間を労基法上の労働時間と認めない点には問題がある。

（かない　さちこ）

---

[12] 基発339号は，自己申告制を行わざるを得ない場合に使用者が講ずるべき措置について示している（平13・4・6基発339号）。
[13] 三菱重工業長崎造船所事件・最判平12・3・9労判778号11頁，大星ビル管理事件・最判平14・2・28労判822号5頁。

平成24年度学会奨励賞について

野　田　　進

(九州大学，学会奨励賞審査委員会)

　学会奨励賞審査委員会は，平成24年度の学会奨励賞として，下記の両名の論文を審査の上選定した。これにもとづき，同年秋季大会の総会時において，審査委員会委員長が選考経過を報告し，代表理事により両名に対して表彰状および副賞が授与された。

1　受賞対象論文と選評
(1)　神吉知郁子『最低賃金と最低生活保障の法規制』(信山社，2011年)

　本論文は，わが国の労働法研究ではほとんど研究対象とされてこなかった，最低賃金制度の分野について，初めて本格的な研究の手が加えられた作品である。その手法は，日本から問題を発してイギリス，フランスにかかる比較法研究であり，分析枠組みとして，最低賃金制度の決定方法という制度的関心だけでなく，最低賃金の水準について社会保障諸制度等の関係やバランスを考察対象とした新規性に注目される。かかる問題関心は，最低賃金水準および生活保護等の水準との関連を問題にする，現在のわが国の政策動向と密接な関連を持つものでもあり，さらにかかる問題に対して分析的な切り込みを示したことが本研究の意義を高めている。同時に，本論文の構成や手法は，きわめて手堅く明解であり，若手研究者のめざす博士論文として一つの模範を示しているかのようである。

(2)　池田悠「再建型倒産手続における労働法規範の適用（一）～（五）」法学協会雑誌128巻3号1頁，同巻8号117頁，同巻9号91頁，同巻10号153頁，同巻11号161頁(2011年3月～2011年11月)

　本論文は，使用者が倒産して再建を目指す場合の労働法制および同法理の適用問題を検討対象としており，「再建目的を果たすために不可避な労働者保護の後退が，逆に再建目的の達成を阻害するおそれを多分に孕んでいる」という問題関心から出発するものである。そして同研究は，再建手続における「労働者の協力」と「労働者の保護」との緊張関係という見地から，アメリカ法を検討対象として選定し，再建に向けた倒産法制，労働法制，そして再建型倒産手続への労働法規範の適用関係を，事業譲渡規範，団体交渉・労働協約規範等をめぐって詳細な検討を加え，最後に比較法的考察に結びつけている。本論文も，日本では乏しかった再建型倒産処理と労働法理との関わりを，「労働者

の協力」という観点から光を当てた初めての研究であり，その点で新規性に富むものであるとともに，わが国で現に生じている解釈論上の課題に重要な示唆を与えるものとなっている。

(3) 総　　括

以上のとおり，両論文とも，日本の労働政策および労働裁判における現代的課題を，斬新な切り口で分析を試みたものであり，実務に寄与しうるとともに学術的価値の高いものとして顕彰に値すると判断した。

2　その他（学会奨励賞について）

学会奨励賞は，次の基準により選考される（学会奨励賞授与規程より）。

(1) 毎年，前年（1月～12月）に公刊された労働法に関する著書および論文のうち，学術的・理論的にみて特に優れたと認められるものを，奨励賞の対象とする。公刊の基準時は，雑誌論文の場合は掲載号（連載については完結号）の，著書の場合は奥付記載の発行年月日とする。

(2) 受賞者は，原則として，当該著書・論文の公刊時に40歳未満で，日本労働法学会の学会員である者とする。なお，著書・論文が複数の著者によるときは，全員が同年齢以下でなければならない。

（のだ　すすむ）

日本学術会議報告

浅倉　むつ子

（日本学術会議会員，早稲田大学）

1　第163回総会

日本学術会議の第163回（第22期第3回）総会が，2012年10月9日から11日にかけて行われた。

まず，東日本大震災に関わる提言活動について，報告しておきたい。日本学術会議が，今期，「東日本大震災復興支援委員会」を設け，その下に3つの分科会を設置したこと（「災害に強いまちづくり分科会」，「産業振興・就業支援分科会」，「放射能対策分科会」），2012年4月9日づけで5本の提言を公表したことについては，本誌120号ですでに報告した。その後も，日本学術会議としては，上記3分科会を継続するとともに，新たに「災害に対するレジリエンス構築分科会」，「福島復興支援分科会」，「エネルギー供給問題検討分科会」を設け，計6分科会を通じて，社会に向け提言を発出する努力を続けている。2012年8月31日には，国会，政府，民間事故調委員長を招いて「原発事故調査で明らかになったこと──学術の役割と課題」と題する公開シンポジウムを開催し，事故調査の主要成果と今後の課題，学術会議の役割について議論を行った。

また，原子力発電に関わる提言活動にも注目しておきたい。日本学術会議は，2010年9月に，内閣府原子力委員会委員長から，「高レベル放射性廃棄物の処分について」の審議依頼を受け，第21期にその検討を開始していた。しかし，その後に東日本大震災に伴う原発事故が発生し，環境が激変する中，第22期にも審議を継続し，その結果が，2012年9月11日に，「回答：高レベル放射性廃棄物の処分について」として公表された。これはメディアでも広く取り上げられたところである。この回答は，「最終処分法にもとづく地域への説明を通じて理解を求め，処分地を確保する」というこれまでの方法では問題は解決しないということを，各地の実態を通じて明らかにした上で，高レベル放射性廃棄物の「暫定保管」と「総量管理」，多段階合意形成等に基づく新たな取り組みについての提言を行っている。同じ時期に「原子力利用の将来像についての検討委員会」も発足した。

2 第1部会の活動について

　第1部会（人文社会科学）は，2012年7月28日〜29日に，京都大学において夏季部会を開催し，大型研究計画マスタープランの準備，人文社会科学振興の方策，エネルギー政策等について審議を行った。また，部会終了後に，開催地の京都大学と共同で，シンポジウム「東日本大震災復興と今後の日本社会」を開催し，約100名の参加を得た。

　ここでは，上記に述べた「人文社会科学振興の方策」について，ふれておきたい。今期の日本学術会議は，これまでのどの期よりも各省庁からの審議依頼が増えているのが特徴である。これは省庁からの信頼を獲得しつつあることの証であり，望ましい傾向であるとはいえ，学術会議がその独立性に基づき本来の活動を強めることは，以前にも増して必要になっている。とくに学術会議と車の両輪とされている総合科学技術会議が，先端的で戦略的な科学政策を推進する傾向を強めていることを考慮すると，日本学術会議には，いっそう総合的な視野にたって，日本の学術の発展と社会への貢献を展望する責務があると思われるからである。学術会議が総合的にバランスのとれた学術の発展をめざす政策提言を行うためには，人文社会科学が重要な役割を果たさなければならない。そのためにも，人文社会科学振興の方策を強める必要がある。「学術基本法」（仮称）をめぐる議論は喫緊の課題であり，第1部会は，そのような合意の下に，議論を進めようとしている。

　さらに第1部会は，第1部付置の分科会として，「福島原発災害後の日本社会と科学のあり方を問う分科会」（島薗進委員長）を組織し，原発事故後の科学と科学者の責任と役割について，精力的に討議を重ねている。

3 法学委員会について

　法学委員会を中心とする活動についても，報告しておきたい。まず，「法学分野の参照基準検討分科会」（河野正憲委員長）による「大学教育の分野別質保証のための教育課程編成上の参照基準——法学分野」（報告）が，2012年11月30日に幹事会で了承され，公表された。私は，この分科会の幹事を務めた。

　これまで，課題別委員会の「大学教育の分野別質保証推進委員会」の下に，「土木工学・建築」「機械工学」「数理科学」「生物学」「家政学」「経営学」「法学」「言語・文学」という8つの分野にわたって，それぞれ「参照基準検討分科会」が設置され，検討を続けてきたところだが，それらが順次，検討を終え，まず2012年8月31日には「経営学分野」の報告書が，引き続き11月30日には，「法学分野」と「言語・文学分野」の報告書が，それぞれ幹事会の承認を得たのである。

　「法学分野」の上記報告書は，①法学という学問の特性を明らかにしつつ，②法

学を学ぶ学生が身につけるべき基本的素養を，「基本的素養」，「特定の法学分野を深く学ぶことで得られる素養」，「ジェネリックスキル」に分けて記述し，③法学教育の今日の問題点と今後の方向について，指摘している。法学分野に関連する教育課程を開設している大学等が，より実効性のある法学教育を実現するために，この報告書を活用していただければ幸いである。

　法学委員会の下に設けられた10分科会も，それぞれ活発に活動を行っている。当学会の会員が多く参加している「大震災後の安全安心な社会構築と法」分科会は，2012年7月29日に，花巻市において，公開シンポジウム「地域医療再生の処方せんを共に考え，明日の街づくりに活かそう」を開催し，また「ジェンダー法分科会」は，社会学委員会「複合領域ジェンダー分科会」等と合同で，日本学術会議講堂において，10月13日に，公開シンポジウム「雇用崩壊とジェンダー」を開催した。

(あさくら　むつこ)

(2013年1月19日記)

◆日本労働法学会第124回大会記事◆

　日本労働法学会第124回大会は，2012年10月14日（日）に学習院大学において，大シンポジウムの一部構成で開催された（以下，敬称略）。

一　大シンポジウム
統一テーマ：「有期労働をめぐる法理論的課題」
司　会：青野覚（明治大学），米津孝司（中央大学）
1．「有期契約労働と派遣労働の法政策——規制原理としての労働権保障の観点から」報告者：有田謙司（西南学院大学）
2．「有期雇用（有期労働契約）の法規制と労働契約法理——労働契約法改正と契約論アプローチ」報告者：唐津博（南山大学）
3．「有期労働契約法制と均等・均衡処遇」報告者：沼田雅之（法政大学）
4．「非正規労働者の社会・労働保険法上の地位」報告者：小西啓文（明治大学）

二　総　会
1　理事・監事選挙の結果について
　選挙管理委員長の奥田香子理事より，理事・監事選挙の結果について，以下の会員が理事・監事に選出されたことが報告された（50音順，敬称略）。
- 理事当選者（10名）
　浅倉むつ子・石田眞・唐津博・島田陽一・土田道夫・豊川義明・名古道功・野川忍・山川隆一・米津孝司
- 監事当選者（2名）
　水島郁子・本久洋一

2　奨励賞について
　野田進審査委員長より，本年度の学会奨励賞の結果が報告された。受賞者は，神吉知郁子会員『最低賃金と最低生活保障の法規制』（2011年12月23日発刊），池田悠会員「再建型倒産手続における労働法規範の適用（一）～（五・完）」（法学協会雑誌128巻3号（2011年3月）～128巻11号（2011年11月））である。島田陽一代表理事により，両会員に対して表彰状と副賞が授与された（神吉会員については，荒木尚志理事が代理で受賞した）。また，池田会員および（神吉会員の代理として）荒

木理事が，受賞のご挨拶をされた。

3　第125回大会およびそれ以降の大会について
鎌田耕一企画委員長より，今後の大会予定に関し，以下の通り報告がなされた。

◆第125回大会について◆
1　期日：2013年5月19日（日）
2　会場：鹿児島大学
3　内容
（1）個別報告
〈第1会場〉
テーマ：「ハラスメントからの『人格的利益』保護——イギリスにおけるハラスメントからの保護法を素材として」
報告者：滝原啓允（中央大学大学院）
司　会：山田省三（中央大学）
テーマ：「イギリスにおけるハラスメントの法理——差別禁止法制における発展を中心に」
報告者：内藤忍（労働政策研究・研修機構）
司　会：島田陽一（早稲田大学）
〈第2会場〉
テーマ：「企業組織再編と労働関係の帰趨——ドイツ法における実体規制・手続規制の分析」
報告者：成田史子（弘前大学）
司　会：荒木尚志（東京大学）
テーマ：「平等な賃金支払いの法理——ドイツにおける労働法上の平等取扱い原則を手掛かりとして」
報告者：島田裕子（京都大学）
司　会：村中孝史（京都大学）
（2）特別講演
テーマ：「私の研究遍歴——労働者の人格権をめぐって」
報告者：角田邦重（中央大学名誉教授）
（3）ミニシンポジウム
〈第1会場〉
「職場のメンタルヘルスと法」
司　会：鎌田耕一（東洋大学）

報告者：水島郁子（大阪大学）
　　　　坂井岳夫（同志社大学）
　　　　三柴丈典（近畿大学）

〈第2会場〉
「公務における『自律的労使関係制度』の確立の意義と課題」
司　会：根本到（大阪市立大学）
報告者：清水敏（早稲田大学）
　　　　岡田俊宏（弁護士）
　　　　下井康史（筑波大学）

〈第3会場〉
「貧困と生活保障——労働法と社会保障法の新たな連携」
司　会：石田眞（早稲田大学）
報告者：宮本太郎（中央大学）
　　　　島田陽一（早稲田大学）
　　　　菊池馨実（早稲田大学）

◆第126回大会について◆
(1) 期日：2013年10月20日（日）
(2) 会場：一橋大学（国立キャンパス）
(3) 「債権法改正と労働法」を統一テーマとして，大シンポジウムを開催することを予定している。

◆第127回大会について◆
(1) 期日：2014年5月25日（日）
(2) 会場：大阪大学
(3) 個別報告，特別講演，ミニシンポジウムの三部構成で開催することを予定している。

4　学会誌について
　唐津博編集委員長が大シンポジウムの報告担当のため，野川忍前編集委員長より，以下の内容について報告がなされた。
(1) 編集委員の交代について
　編集委員長が，野川忍理事（明治大学）から唐津博理事（南山大学）へ，編集委員については，中内哲会員（熊本大学）から畑井清隆会員（志學館大学），細谷越

史会員(香川大学)から藤内和公会員(岡山大学),篠原信貴会員(関西外国語大学)から大木正俊会員(姫路獨協大学)へ交代となったことが報告された。

(2) 学会誌について

学会誌120号は学会前に発行済みである。

2013年春刊行予定の学会誌121号については,大シンポジウム(統一テーマ:「有期労働をめぐる法理論的課題」米津孝司理事・有田謙司理事・唐津博理事・沼田雅之会員・小西啓文会員),回顧と展望(編集委員会で掲載内容を検討中),定例記事(学術会議,大会記事,次回大会案内,編集後記等)を掲載する予定である。

5 日本学術会議について

浅倉むつ子理事より,以下の通り報告がなされた。

学術会議の第163回総会が,10月9日から10日にかけて開催された。この総会では,過去1年間の活動に関する年次報告が行われ,いくつかの重要事項について審議がなされた。詳細は次号の学会誌に掲載するつもりであるが,ここでは,メディアで広く取り上げられた「回答:高レベル放射性廃棄物の処分について」(本年9月11日公表)について,ご報告する。

学術会議は,2010年9月に内閣府原子力委員会委員長から,この問題について審議依頼を受け,第21期に検討を開始した。しかし,その後に東日本大震災に伴う原発事故が発生し,環境激変の中で,第22期に審議を継続し,その回答結果が上記の文書として結実したものである。

この回答において,学術会議は,「最終処分法にもとづく地域への説明を通じて理解を求め,処分地を確保する」というこれまでの方法では問題は解決しないということを,各地の実態を通じて明らかにし,高レベル放射性廃棄物の「暫定保管」と「総量管理」,多段階合意形成等に基づく新たな取り組みについて,提言を行った。

学術会議としては,東日本大震災復興支援委員会の下に新たな分科会を3つ発足させて,被災地における状況変化に対応するための提言活動を今後とも行っていく方針である。

6 国際労働法社会保障法学会について

荒木尚志理事より,以下の通り報告がなされた。

2012年9月25日～28日の日程で第20回世界会議がチリ(サンティアゴ)で開催された。日本からは岩村正彦会員(東京大学)が,第1テーマに関する全体会でコメンテータとして参加された。また3つの全体会テーマについて櫻庭涼子会員(神戸

大学），橋本陽子会員（学習院大学），桑村裕美子会員（東北大学）にナショナル・レポートを執筆頂いた。

なお，このチリ世界会議終了時点で，会長がポーランドのセヴェリンスキ会長からアルゼンチンのアドリアン・ゴルディン新会長に交代し，また，11年にわたり事務局長を務めた Arturo Bronstein 氏（ILO）が退任し，新事務局長には Giuseppe Casale（Italy/ILO）が就任，また，監事は，Corinne Vargha 氏（ILO）から Stefano Bellomo 氏（Italy）に交代した。アジア地域を代表する副会長は荒木尚志（東京大学）から韓国の Lee Kwang Taek 教授に交代した。

今後の会議としては，第9回アメリカ地域会議が2013年10月2日〜4日にエクアドルのグアヤキル（Guayaquil），第11回ヨーロッパ地域会議が2014年にアイルランド（ダブリン），第9回アジア地域会議が2014年に韓国（開催時期については調整中），第21回世界会議が2015年に南アフリカ（ケープタウン）にて，それぞれ開催予定となっている。詳細については，国際学会支部会報等でお知らせする。

7　入退会について

土田道夫事務局長より，退会者7名，2012年度末退会予定者3名および以下の14名について入会の申込みがあり，前日理事会・当日理事会にて承認された旨の報告がなされた（50音順，敬称略）。

○入会者（14名）

石田達郎（弁護士），鵜飼良昭（弁護士），江原允志（社会保険労務士），高坂立夫（特定社会保険労務士），田中亜希（弁護士），地神亮佑（大阪大学大学院），利根川雪絵（帝京大学大学院），西原みなみ（弁護士），東山太郎（法務省刑事局），福崎浩（弁護士），藤田広美（弁護士），前田麻衣（弁護士），松村歌子（関西福祉科学大学），保崎賢（社会保険労務士）

8　その他

(1) 大会における託児サービスについて

島田陽一代表理事より，以下の通り報告がなされた。

第122回大会総会及び前日理事会の決定に基づき，第123回大会（関西学院大学）に続き，第124回大会（学習院大学）についても保育サービスを実施する準備を進め，本大会については，一時預かり託児所「ベルスーズ」へのあっせんサービスを行うこととした。

次回の第125回大会（鹿児島大学）においても大会一時保育サービスが実施できるよう，託児業者と連絡をとりあっているが，会場内託児サービスを実施する場合，

総額55,000円かかることが予想される。こうした事情から，前日理事会にて，次回大会大から会託児サービスの補助として，日本労働法学会から4万円を支出することについて承認が得られた。なお，利用者がいない場合には，支出しないようにすることが確認された。

(2) 推薦理事の選出結果

土田道夫事務局長より，当日理事会にて以下の会員が推薦理事に選出されたことが報告された（50音順，敬称略）。

有田謙司，小宮文人，野田進，浜村彰，盛誠吾

(3) 事務局の移転について

第124回大会以降，事務局が同志社大学から東京大学に移転することが確認された。それに伴い，事務局長についても，土田道夫理事から荒木尚志理事へ交代することが報告された。

◆日本労働法学会第125回大会案内◆

1　期日：2013年5月19日（日）
2　会場：鹿児島大学
3　内容
　(1)　個別報告
〈第1会場〉
テーマ：「ハラスメントからの『人格的利益』保護――イギリスにおけるハラスメントからの保護法を素材として」
報告者：滝原啓允（中央大学大学院）
司　会：山田省三（中央大学）
テーマ：「イギリスにおけるハラスメントの法理――差別禁止法制における発展を中心に」
報告者：内藤忍（労働政策研究・研修機構）
司　会：島田陽一（早稲田大学）
〈第2会場〉
テーマ：「企業組織再編と労働関係の帰趨――ドイツ法における実体規制・手続規制の分析」
報告者：成田史子（弘前大学）
司　会：荒木尚志（東京大学）
テーマ：「平等な賃金支払いの法理――ドイツにおける労働法上の平等取扱い原則を手掛かりとして」
報告者：島田裕子（京都大学）
司　会：村中孝史（京都大学）
　(2)　特別講演
テーマ：「私の研究遍歴――労働者の人格権をめぐって」
報告者：角田邦重（中央大学名誉教授）
　(3)　ミニシンポジウム
〈第1会場〉
「職場のメンタルヘルスと法」
司　会：鎌田耕一（東洋大学）
報告者：水島郁子（大阪大学）

　　　　坂井岳夫（同志社大学）
　　　　三柴丈典（近畿大学）
〈第2会場〉
「公務における『自律的労使関係制度』の確立の意義と課題」
司　会：根本到（大阪市立大学）
報告者：清水敏（早稲田大学）
　　　　岡田俊宏（弁護士）
　　　　下井康史（筑波大学）
〈第3会場〉
「貧困と生活保障——労働法と社会保障法の新たな連携」
司　会：石田眞（早稲田大学）
報告者：宮本太郎（中央大学）
　　　　島田陽一（早稲田大学）
　　　　菊池馨実（早稲田大学）

　　　　　　　　　　　　　　　　　　　　　　　（以上，敬称略）

日本労働法学会規約

第1章　総　　則

第1条　本会は日本労働法学会と称する。
第2条　本会の事務所は理事会の定める所に置く。（改正，昭和39・4・10第28回総会）

第2章　目的及び事業

第3条　本会は労働法の研究を目的とし，あわせて研究者相互の協力を促進し，内外の学会との連絡及び協力を図ることを目的とする。
第4条　本会は前条の目的を達成するため，左の事業を行なう。
　1．研究報告会の開催
　2．機関誌その他刊行物の発行
　3．内外の学会との連絡及び協力
　4．公開講演会の開催，その他本会の目的を達成するために必要な事業

第3章　会　　員

第5条　労働法を研究する者は本会の会員となることができる。
　本会に名誉会員を置くことができる。名誉会員は理事会の推薦にもとづき総会で決定する。
　（改正，昭和47・10・9第44回総会）
第6条　会員になろうとする者は会員2名の紹介により理事会の承諾を得なければならない。
第7条　会員は総会の定めるところにより会費を納めなければならない。会費を滞納した者は理事会において退会したものとみなすことができる。
第8条　会員は機関誌及び刊行物の実費配布をうけることができる。（改正，昭和40・10・12第30回総会，昭和47・10・9第44回総会）

第4章　機　　関

第9条　本会に左の役員を置く。
　1．選挙により選出された理事（選挙理事）20名及び理事会の推薦による理事（推薦理事）若干名

2．監事　2名
　　（改正，昭和30・5・3第10回総会，昭和34・10・12第19回総会，昭和47・10・9第44回総会）
第10条　選挙理事及び監事は左の方法により選任する。
  1．理事及び監事の選挙を実施するために選挙管理委員会をおく。選挙管理委員会は理事会の指名する若干名の委員によって構成され，互選で委員長を選ぶ。
  2．理事は任期残存の理事をのぞく本項第5号所定の資格を有する会員の中から10名を無記名5名連記の投票により選挙する。
  3．監事は無記名2名連記の投票により選挙する。
  4．第2号及び第3号の選挙は選挙管理委員会発行の所定の用紙により郵送の方法による。
  5．選挙が実施される総会に対応する前年期までに入会し同期までの会費を既に納めている者は，第2号及び第3号の選挙につき選挙権及び被選挙権を有する。
  6．選挙において同点者が生じた場合は抽せんによって当選者をきめる。
  推薦理事は全理事の同意を得て理事会が推薦し総会の追認を受ける。
  代表理事は理事会において互選し，その任期は2年とする。
　　（改正，昭和30・5・3第10回総会，昭和34・10・12第19回総会，昭和44・10・7第38回総会，昭和47・10・9第44回総会，昭和51・10・14第52回総会，平成22・10・17第120回総会）
第11条　理事の任期は4年とし，理事の半数は2年ごとに改選する。但し再選を妨げない。
  監事の任期は4年とし，再選は1回限りとする。
  補欠の理事及び監事の任期は前任者の残任期間とする。
　　（改正，昭和30・5・3第10回総会，平成17・10・16第110回総会，平成22・10・17第120回総会）
第12条　代表理事は本会を代表する。代表理事に故障がある場合にはその指名した他の理事が職務を代行する。
第13条　理事は理事会を組織し，会務を執行する。
第14条　監事は会計及び会務執行の状況を監査する。
第15条　理事会は委員を委嘱し会務の執行を補助させることができる。
第16条　代表理事は毎年少くとも1回会員の通常総会を招集しなければならない。
  代表理事は必要があると認めるときは何時でも臨時総会を招集することができる。総会員の5分の1以上の者が会議の目的たる事項を示して請求した時は，代表理事は臨時総会を招集しなければならない。

第17条　総会の議事は出席会員の過半数をもって決する。総会に出席しない会員は書面により他の出席会員にその議決権を委任することができる。

第5章　規約の変更

第18条　本規約の変更は総会員の5分の1以上又は理事の過半数の提案により総会出席会員の3分の2以上の賛成を得なければならない。

平成22年10月17日第120回総会による規約改正附則
第1条　本改正は，平成22年10月1日より施行する。
第2条　平成22年10月に在任する理事の任期については，次の通りとする。
　　一　平成21年5月に就任した理事の任期は，平成24年9月までとする。
　　二　平成22年10月に就任した理事の任期は，平成26年9月までとする。
第3条　平成21年5月に在任する監事の任期は，平成24年9月までとする。

学会事務局所在地
　〒113-0033　東京都文京区本郷7-3-1　東京大学法学部
　　　　　　　荒木尚志研究室
　　　　　　　TEL：03-5841-3224
　　　　　　　FAX：03-5841-3224
　　　　　　　e-mail：rougaku@gmail.com

SUMMARY

《Symposium》

Motive und Übersicht des Symposiums

Takashi YONEZU

- Hintergründe
- Übersicht der Abhandlungen

Legislative Policies on Fixed-term Contract Work and Agency Work

Kenji ARITA

This paper investigates legislative policies on fixed-term contract work and agency work, from the viewpoint of the principle of securing "decent work" which constitutes a part of a right to work, through examining the contents of legislative policies included in amendments to the 'Labour Contract Act 2006' and the 'Act for Securing the Proper Operation of Worker Dispatching Undertakings and Improved Working Conditions for Dispatched Workers 1985 (Worker Dispatching Act)' done in 2012. In this paper I argue that more legislative reforms are needed in order to make fixed-term contract work and agency work a "decent work".

I   Introduction
II Decent Work and Securing a Right to Work

1　Recent Development of Theories on a Right to Work and "Decent Work"
　2　"Decent Work" as a Principle of Regulation of Labour Market
Ⅲ　Fixed-term Contract Work and Agency Work in the Former Legislative Policies
　1　Statuses of Fixed-term Contract Work and Agency Work in the Former Legislative Policies
　2　Problems of the Former Legislative Policies from the Viewpoint of the Principle of Securing "Decent Work"
Ⅳ　Contents and Significance of the Amendments to the Labour Contract Act and the Worker Dispatching Act
　1　Progress to the Amendments
　2　Contents and Significance of the Amendments
Ⅴ　Problems for the Future in Legislative Policies on Fixed-term Contract Work and Agency Work
　1　Problems Caused by Relationship between Fixed-term Contract Work and Agency Work which is Linked Together
　2　Legislative Measures to Materialise the Principle of Securing "Decent Work"
Ⅵ　Concluding Remarks

Contractual Analysis of the Legal Regulation on Fixed-term Employment Contracts

Hiroshi KARATSU

　Statutory regulation on employment contracts should be pursuant to the legal doctrine concerning the employment contracts. So, from this point of view I try to analyze the Amendment to Labor Contract Act in

SUMMARY

2012 concerning fixed-term employment contracts.

In my view the fundamental rules of employment contracts doctrine are formed according to three stages of the contract. The first stage is the formation of the contract. This stage's fundamental rule is the clarification of the terms and conditions of employment by both parties, employees and employers. The second is the process of the contractual performance. Its rule is the respect and care for employee-employers' mutual interests. The third is the termination of the contact. Its rule is the legal protection of the reasonable expectation for the continuous relationship between employees and employers.

The Amendment in 2012 introduces three new rules for fixed-term contracts. The first rule is creation of the fixed-term employees' right to change the term of employment contracts from fixed term to indefinite term on the statutory specific conditions (Article 18). The second is making law from the established case law ruling the analogous application of the rule of abusive dismissal rights to the refusal to renew fixed-term contracts at the expiration of its term on the specific conditions (Article 19). And the third is prohibition against unreasonable less favorable treatments for the fixed-term employees than the indefinite-term employees on grounds of being the fixed term (Article 20). In this paper I take up the former two rules.

As for Article 18, creation of a new right to change the term of contracts of fixed-term employees', this is suitable for the above second fundamental rule of employment contracts. But, for the realization of the legislative intention of this rule, i. e. to secure the employment of fixed-term employees, in my words, to respect and care for the interests of fixed-term employees, the exceptional way to calculate the period of the employment continuity as a legal requirement for this right, which is called cooling-off period, is inadequate and should be abolished. And it is necessary to take some measures to enable employees to exercise securely this right without employers' obstructions, for example, terminating unilaterally the contract not to have employee get this right before up to five years after renewal of a short-term contract.

As for Article 19, making established case law rule the written law rule, this is proper for the above third fundamental rule of employment contracts. However, the meaning of the clause of Article 19 is very difficult to understand for both employees and employers, even for lawyers. And, since new legal requirements, such as 'employee's offer', are incorporated into this case law rule, the interpretation of the new clause will perplex lawyers. It must be stressed that the protective scope of the former case law rule should not be straitened by the linguistic interpretation of the new statutory clause.

Equal Treatment Legislation on Fixed-term Labor Contract

Masayuki NUMATA

Japanese Labor Contract Act was amended in August 2012, and the provisions "prohibition of unreasonable working conditions" is newly established. This provision, Article 20 of a New Labor Contract Act, requires the difference between the working conditions of the workers have signed a labor contract without a fixed-term and working conditions of workers who have signed a labor contract with fixed-term should not be unreasonable. This article is intended to examine the interpretation of this provision.

I Introduction
II Background
  1 Study of Theory on Equal Treatment

2　The Author's Opinion about the Equal Treatment
Ⅲ　Interpretation of Article 20 of the New Labor Contract Act
　1　Interpretation of "difference" in Article 20 of the New Labor Contract Act
　2　About Elements that Determines whether or not "should not be unreasonable"
　3　The Interpretation of "should not be unreasonable"
Ⅳ　Relationship between Article 20 of the New Labor Contract Act and Similar Provisions of Other Laws
Ⅴ　Conclusion

Die Stellung der in atypischen Beschäftigungsverhältnissen tätigen Arbeitnehmern im Sozialversicherungsrecht

Hirofumi KONISHI

In Japan besteht die Politik zum Schutz der Unternehmen, die dem internationalen Wettbewerb im Rahmen der Globalisierung ausgesetzt sind, die Arbeitgeberanteile zur gesetzlichen Sozialversicherung für Arbeitnehmer in atypischen Beschäftigungsverhältnissen möglichst gering zu halten. Deshalb sind Arbeitnehmer in atypischen Beschäftigungsverhältnissen bei Sozialleistungen in der Zukunft weitgehend ungeschützt. Und der Kreis der in atypischen Beschäftigungsverhältnissen beschäftigten Arbeitnehmer wird heutzutage noch durch die „Nur" Hausfrauen und viele junge Frauen und Männner erweitert. Deswegen ist das Sozialversicherungssystem für diesen Personenkreis zu überprüfen.

In diesem Beitrag wird erklärt, wie der genannten Personenkreis von der Sozialversicherung ausgeschlossen wird und wie er sich in die Sozialversicherung integrieren läßt.

Inhalt
I　Einführung
II　Funktionsweise des Ausschlusses der Arbeitnehmer in atypischen Beschäftigungsverhältnissen von der Sozialversicherung
III　Integrationmöglichkeiten für Arbeitnehmer in atypischen Beschäftigungsverhältnissen in die Sozialversicherung
IV　Fazit

編集後記

◇ 本号は，2012年10月14日に学習院大学で開催された第124回大会の大シンポジウム報告論文を中心に，回顧と展望を加えて構成されている。大シンポジウムでは，有期（契約）労働等の非正規雇用の問題をめぐり，多様な視点から興味深い報告がなされ，参加者からの理論上・実務上の重要な問題点の指摘を受けて，活発な議論がなされた。

◇ 本号刊行にあたり，刊行スケジュール等との関係から，執筆者の方々には短期間でのご執筆をお願いすることとなったが，ご理解とご協力を得て入稿を得られた。また，唐津博編集委員長と村中孝史査読委員長からは多大のご助力を頂戴し，査読者の方々には，短期間での査読に多大のご協力を頂いた。また本号の編集については，法律文化社の小西英央氏，瀧本佳代氏に大変お世話になった。ここに記して深甚の感謝を表したい。

（富永晃一／記）

《学会誌編集委員会》
唐津博（委員長），阿部未央，天野晋介，石田信平，大木正俊，奥田香子，藤内和公，戸谷義治，畑井清隆，畑中祥子，春田吉備彦，渡邊絹子，富永晃一（以上，2013年2月現在）

有期労働をめぐる法理論的課題　　日本労働法学会誌121号

2013年5月10日　印　刷
2013年5月20日　発　行

編　集　者　日本労働法学会
発　行　者

印刷所　株式会社　共同印刷工業　〒615-0052　京都市右京区西院清水町156-1
　　　　　　　　　　　　　　　　電　話　(075)313-1010

発売元　株式会社　法律文化社　〒603-8053　京都市北区上賀茂岩ヶ垣内町71
　　　　　　　　　　　　　　　電　話　(075)791-7131
　　　　　　　　　　　　　　　ＦＡＸ　(075)721-8400

2013 Ⓒ 日本労働法学会　Printed in Japan
装丁　白沢　正
ISBN978-4-589-03519-6